O Sermão da
Montanha

COLEÇÃO A OBRA-PRIMA DE CADA AUTOR

O Sermão da Montanha

Huberto Rohden

2ª Edição

MARTIN CLARET

© *Copyright* desta edição: Editora Martin Claret Ltda., 2003.

CONSELHO EDITORIAL
Martin Claret

PRODUÇÃO EDITORIAL
Taís Gasparetti

CAPA
Ilustração: Martiin-fluidworkshop / Shutterstock

MIOLO
Revisão: Mª de Fátima C. A. Madeira /
Lucyana R. Oliveira Torchia / Maria Regina Machado
Projeto gráfico e capa: José Duarte T. de Castro
Editoração eletrônica: Editora Martin Claret
Impressão e acabamento: PSI7

Este livro segue o novo Acordo Ortográfico da Língua Portuguesa.

Dados Internacionais de Catalogação na Publicação (CIP)
(Câmara Brasileira do Livro, SP, Brasil)

Rohden, Huberto, 1893-1981.
　O Sermão da Montanha / Huberto Rohden. — 2. ed. —
São Paulo: Martin Claret, 2012. — (Coleção a obra-prima de cada autor; 154)

　"Texto integral"
　ISBN 978-85-7232-622-3
　1. Espiritualismo (Filosofia) 2. Sermão da Montanha I. Título.
II. Série.

12-02197　　　　　　　　　　　　　　　　　　CDD-291. 4

Índices para catálogo sistemático:

1. Espiritualidade: Religião　291. 4

EDITORA MARTIN CLARET LTDA.
Rua Alegrete, 62 – Bairro Sumaré – CEP: 01254-010 – São Paulo – SP
Tel.: (11) 3672-8144 – Fax: (11) 3673-7146
www.martinclaret.com.br
5ª reimpressão - 2016

Sumário

O Sermão da Montanha

Advertência 9
Prólogo 11
O Sermão da Montanha, base da harmonia espiritual 13
"Bem-aventurados os pobres pelo espírito!" 17
"Bem-aventurados os puros de coração" 20
"Bem-aventurados os mansos..." 24
"Bem-aventurados os misericordiosos" 31
"Bem-aventurados os que têm fome e sede de justiça" 34
"Bem-aventurados os pacificadores" 37
"Bem-aventurados os tristes" 42
"Bem-aventurados os que sofrem perseguição
    por causa da justiça" 46
"Vós sois a luz do mundo" 51
"Contemplai os lírios do campo como crescem..." 59
"Vós sois o sal da terra..." 64
"Não jureis de forma alguma!" 66
"Não resistais ao maligno!" 69
"Quando alguém te ferir na face direita, apresenta-lhe
    também a outra" 73
"Amai os vossos inimigos" 78

"Cuidado que não pratiqueis as vossas boas obras
  para serdes vistos pelas gentes" 82
"Quando jejuares, lava o rosto e unge a cabeça" 85
"Quem não renunciar a tudo que tem
  não pode ser meu discípulo" 88
"Quem quiser construir uma torre... empreender uma
  guerra — renuncie a tudo!" 94
"Não julgueis — e não sereis 'julgados'!
  — Não condeneis — e não sereis 'condenados'!" 97
"Pedi, e recebereis; procurai, e achareis;
  batei, e abrir-se-vos-á" 99
"Quem dentre vós quiser ser grande,
  seja o servidor de todos" 103
"Foi dito aos antigos — Eu, porém, vos digo" 106
"Com a mesma medida com que medirdes ser-vos-á medido"..... 109
"Estreita é a porta e apertado o caminho
  que conduzem à vida eterna" 112
"Quem ouve estas minhas palavras e as realiza..." 118

ACONTECEU ENTRE OS ANOS 2000 E 3000

Visão de uma humanidade com a bomba
atômica e sem o Cristo

Explicações necessárias 122
1. Era pelo ano 2000... 123
2. Era pelo ano 3000... 133
Dados biográficos 139
Relação de obras do prof. Huberto Rohden 142

❖

O Sermão da Montanha

Advertência

A substituição da tradicional palavra latina *crear* pelo neologismo moderno *criar* é aceitável em nível de cultura primária, porque favorece a alfabetização e dispensa esforço mental — mas não é aceitável em nível de cultura superior, porque deturpa o pensamento.

Crear é a manifestação da Essência em forma de existência — *criar* é a transição de uma existência para outra existência.

O Poder Infinito é o *creador* do Universo — um fazendeiro é um *criador* de gado.

Há entre os homens gênios *creadores*, embora não sejam talvez *criadores*.

A conhecida lei de Lavoisier diz que "na natureza nada se *crea*, nada se aniquila, tudo se transforma", se grafarmos "nada se *crea*", esta lei está certa, mas se escrevermos "nada se *cria*", ela resulta totalmente falsa.

Por isto, preferimos a verdade e clareza do pensamento a quaisquer convenções acadêmicas.

❖

"Se se perdessem todos os livros sacros
da humanidade, e só se salvasse
O Sermão da Montanha,
nada estaria perdido."

Mahatma Gandhi

Prólogo

Antes de iniciar a sua vida pública, fez Jesus 40 dias de silêncio e meditação no deserto.

E a primeira mensagem que, logo no princípio, dirigiu ao povo é o chamado "Sermão da Montanha", proferido nas colinas de Kurun Hattin, ao sudoeste do lago de Genesaré.

Estas palavras podem ser consideradas como a "plataforma do Reino de Deus", como diríamos em linguagem política. Representam o programa da mística divina e da ética humana, visando a total autorrealização do homem.

Logo de início, vêm as oito beatitudes, onde o Mestre proclama felizes precisamente aqueles que o mundo considera infelizes: os pobres, os puros, os mansos, os sofredores, os perseguidos, etc. Esta distinção entre felicidade e gozo, entre infelicidade e sofrimento vai através de todo o Evangelho do Cristo, e só pode ser compreendida por aqueles que despertaram para a Realidade do seu Eu espiritual.

O Sermão da Montanha representa o mais violento contraste entre os padrões do homem profano e o ideal do homem iniciado. Para compreender tão excelsa sabedoria deve o homem ultrapassar os ditames do seu intelecto analítico e abrir a alma para uma experiência intuitiva. O homem profano acha absurdo amar os que nos odeiam, fazer bem aos nossos malfeitores, ceder a túnica à quem nos roubou a capa, sofrer mais uma injustiça em vez de revidar a que já recebeu — e da perspectiva do homem mental tem ele razão. Mas a mensagem do Mestre é um convite para o homem se transmentalizar e entrar numa nova dimensão de consciência, inédita e inaudita, paradoxalmente grandiosa.

Não adianta analisar esse documento máximo da experiência crística. Só o compreende quem o viveu e vivenciou.

E, para preludiar o advento do reino de Deus sobre a face da terra, é necessário que cada homem individual realize dentro de si mesmo esse reino; que reserve cada dia, de manhã cedo, meia hora para se interiorizar totalmente no seu Eu Divino, no seu Cristo Interno, pela chamada meditação.

Durante a meditação, o homem se esvazia de todos os conteúdos de seu ego humano sem nada sentir, nada pensar, nada querer, expondo-se incondicionalmente à invasão da plenitude divina.

Onde há uma vacuidade acontece uma plenitude. O homem vazio de si é plenificado por Deus.

Mas, não se iluda! Quem vive 24 horas plenificado pelas coisas do ego — ganâncias, egoísmos, luxúrias, divertimentos profanos — não pode se esvaizar, desegoficar-se, em meia hora de meditação; esse se ilude e mistifica a si mesmo por um misticismo estéril. É indispensável que o homem que queira fazer uma meditação fecunda e eficiente, viva habitualmente desapegado das coisas supérfluas e se sirva somente das coisas necessárias para uma vida decentemente humana. Luxo e luxúria são lixo e tornam impossível uma vida em harmonia com o espírito do Cristo e do Evangelho.

O homem que queira ser crístico, não apenas cristão, necessita viver uma vida 100% sincera consigo mesmo, e não se iludir com paliativos e camuflagens que lhe encubram a verdade sobre si mesmo.

Vai, leitor, conhece-te a ti mesmo! Realiza-te a ti mesmo! e serás profundamente feliz.

❖

INTRODUÇÃO

O Sermão da Montanha, base da harmonia espiritual

Há séculos que as igrejas cristãs do Ocidente se acham divididas em partidos, e, não raro, se digladiam ferozmente — por causa de quê?

Por causa de determinados dogmas que elas identificam com a doutrina de Jesus — infalibilidade pontifícia, batismo, confissão, eucaristia, pecado original, redenção pelo sangue de Jesus, unicidade e infalibilidade da *Bíblia*, etc.

No entanto, seria possível evitar todas essas polêmicas e controvérsias — bastaria que todos os setores do Cristianismo fizessem do Sermão da Montanha o seu credo único e universal. Essa mensagem suprema do Cristo não contém uma só palavra de colorido dogmático-teológico — o Sermão da Montanha é integralmente espiritual, cósmico, ou melhor, "místico-ético"; não uma teoria que o homem deva "crer", mas uma realidade que ele deve "ser". E neste plano não há dissidentes nem hereges. A mística é o "primeiro e maior de todos os mandamentos", o amor de Deus; a ética é o "segundo mandamento", o amor de nossos semelhantes. E, nesta base, é possível uma harmonia universal.

Quem é proclamado "bem-aventurado" feliz? Quem é chamado "filho de Deus"? Quem é que "verá a Deus"? De quem é o "reino dos céus"?

Será de algum crente no dogma A, B ou C?
Será o adepto da teologia desta ou daquela igreja ou seita?
Será o partidário de um determinado credo eclesiástico?
Nem vestígio disso!

Os homens bem-aventurados, os cidadãos do reino dos céus, são os "pobres pelo espírito", são os "puros de coração", são os "mansos", os que "sofrem perseguição por causa da justiça" são os "pacificadores", são os "misericordiosos" e "os que choram" são os que "amam aos que os odeiam" e "fazem bem aos que lhes fazem mal".

No dia e na hora em que a cristandade resolver aposentar as suas teologias humanas e proclamar a divina sabedoria do Sermão da Montanha como credo único e universal, acabarão todas as dissensões, guerras de religião e excomunhões de hereges e dissidentes.

Isso, naturalmente, supõe que esse documento máximo de espiritualidade, como Mahatma Gandhi lhe chama, seja experiencialmente vivido, e não apenas intelectualmente analisado.

A vivência espiritual é convergente e harmonizadora — a análise intelectual é divergente e desarmonizadora.

Se todos os livros religiosos da humanidade perecessem e só se salvasse o Sermão da Montanha, nada estaria perdido. Nele se encontram o Oriente e o Ocidente, o Brahmanismo e o Cristianismo e a alma de todas as grandes religiões da humanidade, porque é a síntese da mística e da ética, que ultrapassa todas as filosofias e teologias meramente humanas. O que o Nazareno disse, nessa mensagem suprema do seu Evangelho, representa o patrimônio universal das religiões — seja o Kybalion *de Hermes Trismegistos, do Egito, sejam os* Vedas, Bhagavad Gita *ou o* Tao Te King *de Lao-Tsé, do Oriente, sejam Pitágoras, Sócrates, Platão ou os Neoplatônicos, sejam São João da Cruz, Meister Eckhart, Tolstói, Tagore, Gandhi ou Schweitzer — todos convergem nesta mesma Verdade, assim como as linhas duma pirâmide, distantes na base, se unem todas num único ponto, no vértice.*

Se o Evangelho é o coração da Bíblia, o Sermão da Montanha é a alma do Evangelho.

* * *

Nesses últimos 50 anos e tanto, o Ocidente foi inundado por um dilúvio de sistemas místicos e sociedades iniciáticas, cada uma das quais promete a seus adeptos a introdução no reino dos céus. As suas práticas são complicadas, os seus métodos, não raro, artificiais, as suas técnicas, se não desanimam os candidatos pela sua dificuldade, os levam ao orgulho de pretenso super-humanismo e ao desprezo dos "profanos".

Entretanto, os três capítulos, 5, 6 e 7, do Evangelho segundo São Mateus, nada têm de misterioso e exótico; são de uma simplicidade tão diáfana como o mais límpido cristal ferido pelos raios solares. A sua dificuldade jaz em outro setor: o Sermão da Montanha convida o homem a abdicar definitivamente do seu velho ego pecador, despojar-se do "homem velho" e revestir-se do "homem novo", da "nova creatura em Cristo, feita em verdade, justiça e santidade". Isso, inegavelmente, um convite para o homem se deitar sobre a mesa de operação e sofrer uma intervenção cirúrgica, sem anestesia de espécie alguma, suportando todas as dores necessárias para que o novo homem crístico possa nascer sobre as ruínas do velho homem luciférico.

E é precisamente por causa dessa inevitável sangria que as sociedades iniciáticas procuram contornar essa dolorosa operação cirúrgica e consolam os seus adeptos com teorias e técnicas menos cruéis, prometendo-lhes um "parto sem dores" e uma entrada no reino dos céus por alguma secreta portinhola dos fundos. Acham que, na Era Atômica e Cosmonáutica, em que o homem viaja de avião a jato, e não mais em canoa ou carro de bois, também o ingresso no reino dos céus deva ser modernizado; essas praxes obsoletas do primeiro século do Cristianismo, como aparecem no Evangelho do Nazareno, acham eles, perderam a sua razão de ser. Vamos, pois, ingerir comodamente alguns comprimidos de "magia mental" ou "ritualismo esotérico", a fim de entrarmos suavemente e de contrabando nesse reino da felicidade, e não mais pela "porta estreita e caminho apertado", como queria o profeta de Nazaré. Hoje, se ele voltasse, dizem eles, o Cristo não mais repetiria as palavras cruas do Sermão da Montanha, mas se adaptaria ao estado da nossa civilização e mostraria aos homens o modo de viajar ao céu de *Pullman* e em cabine de luxo...

"Condutores cegos conduzindo outros cegos..."

* * *

Nas páginas seguintes passaremos a analisar as principais palavras de Jesus proferidas no Sermão da Montanha. Mas é necessário que o leitor, depois de ler esta nossa orientação, feche o livro e abra de par em par os olhos da alma, a fim de intuir e viver espiritualmente aquilo que pessoa alguma lhe pode explicar intelectualmente. Quem julga ter compreendido o sentido real de alguma palavra de Jesus pelo simples fato de a ter ouvido numa conferência ou lido num livro, esse labora em funesta ilusão.

Para além de todo o "inteligir" está o "intuir", que é uma vivência íntima; está o "saber", que é um "saborear" direto e imediato. Em última análise, o homem só sabe aquilo que ele vive e o que ele é.

Para essa vivência íntima do espírito do Cristo necessitamos de um grande silêncio — silêncio material, mental e emocional; e, mais do que isto, de uma profunda contemplação interior.

Quem não vive, saboreia, sofre e goza a alma do Sermão da Montanha, não o compreende.

Mas quem o compreende deste modo pode prescindir de qualquer outro sistema de iniciação.

Aqui se trata, antes de tudo, de ser integralmente sincero e honesto consigo mesmo!

* * *

Diz o texto evangélico que Jesus proferiu esta mensagem depois de ter passado a noite toda em oração com Deus. Durante essa noite de colóquio íntimo com o Pai dos céus, deve a alma de Jesus ter sido empolgada por uma veemente experiência da Divindade, porque em cada uma das palavras do Sermão da Montanha vibra ainda o eco duma grande voz e cintila uma luz tão fascinante que ninguém pode ler estas palavras sem sentir em si algo desse eco divino e vislumbrar algo dessa luz celeste...

Se, algum dia, a humanidade fizer as pazes religiosas e se harmonizar em Deus, "adorando o Pai em espírito e em verdade", então esse grande Tratado de Paz só poderá ser realizado na base do Sermão da Montanha.

Por outro lado, quanto mais cada indivíduo se identificar vivencialmente com esse espírito, tanto mais apto se tornará ele para servir de precursor e arauto do reino de Deus sobre a face da Terra.

O brado "venha a nós o teu reino!" só poderá ter resposta na atmosfera dessa mensagem do Cristo, porque o "reino de Deus está dentro de nós", e estas palavras são o mais veemente clamor para o despertar da sua longa dormência e proclamar a "gloriosa liberdade dos filhos de Deus"...

❖

"Bem-aventurados os pobres pelo espírito!"

Poucas palavras do Evangelho sofreram, ao longo dos séculos, tão grande adulteração e ludibrio tamanho como estes. Escritores e oradores de fama mundial, e até ministros do Evangelho, aderem à blasfêmia de que o Nazareno tenha proclamado bem-aventurados e cidadãos do reino dos céus os "pobres de espírito", isto é, os apoucados de inteligência, os idiotas e imbecis, os mentalmente medíocres.

Se assim fosse, o próprio Nazareno, riquíssimo de espírito, não faria parte dos bem-aventurados e possuidores do reino dos céus.

Não se sabe o que mais estranhar nessa interpretação, que se tornou proverbial, se a hilariante ignorância dos seus autores, se a revoltante arrogância dos profanadores de uma das mais sublimes mensagens do Cristo.

Nem no texto grego do primeiro século, nem na tradução latina da *Vulgata* se encontra o tópico "pobres de espírito", mas sim "pobres pelo espírito", ou seja, "pobres segundo o espírito" (em grego. *tô pneumati*, no terceiro caso, dativo, não no segundo, genitivo; em latim: *spiritu*, no sexto caso, ablativo, não no genitivo). Na tradução "de espírito" entende-se o genitivo, como se disséssemos: "fulano é pobre de saúde, de inteligência", isto é, falta-lhe saúde, inteligência. De maneira que nem a gramática nem o espírito geral do Nazareno permitem a tradução "pobres de espírito", que, no entanto, se tornou abuso quase universal.

Jesus proclama bem-aventurados, cidadãos do reino dos céus, agora e aqui mesmo, todos aqueles que são pobres, ou desapegados, dos bens terrenos, não pela força compulsória das circunstâncias externas e fortuitas, mas sim pela livre e espontânea escolha espiritual; os que, podendo possuir bens materiais, resolveram livremente despossuir-se deles, por amor aos bens espirituais, fiéis ao espírito do Cristo: "Não acumuleis para vós bens na terra — mas acumulai bens nos céus".

Essa libertação da escravidão material pela força espiritual supõe uma grande experiência e iluminação interna. Ninguém abandona algo que ele considera valioso sem que encontre algo mais valioso. Quem não encontrou o "tesouro oculto" e a "pérola preciosa" do reino dos céus não pode abandonar os pseudotesouros e as pérolas falsas dos bens da terra. É da íntima psicologia humana que cada um retenha aquilo que ele julga mais valioso.

O verdadeiro abandono, porém, não consiste numa fuga ou deserção externa, mas sim numa libertação interna. Pode o milionário possuir externamente os seus milhões, e estar internamente liberto deles — e pode também o mendigo não possuir bens materiais e, no entanto, viver escravizado pelo desejo de os possuir, e, neste caso, é ele escravo daquilo que não possui, assim como o milionário pode ser livre daquilo que possui. Este possui sem ser possuído — aquele é possuído pelo que não possui.

O que decide não é possuir ou não possuir externamente — o principal é saber possuir ou não possuir. Ser rico ou ser pobre são coisas que nos *acontecem*, de fora — mas a arte de saber ser rico ou de ser pobre é algo que nós *produzimos*, de dentro. O que nos faz bons ou maus não é aquilo que nos acontece, mas sim o que nós mesmos fazemos e somos.

A verdadeira liberdade, ou seu contrário, consiste numa *atitude do sujeito*, e não em simples *fatos dos objetos*.

"O que de fora entra no homem não torna o homem impuro — mas o que de dentro sai do homem e nasce em seu coração, isto sim torna o homem impuro" — ou também, puro, conforme a índole desse elemento interno.

Ser rico não é pecado — ser pobre não é virtude.

Virtude ou pecado é saber ou não saber ser rico ou pobre.

Naturalmente, quem é incapaz de se libertar internamente do apego aos bens materiais sem os abandonar também externamente, esse deve ter a coragem e sinceridade consigo mesmo de se despossuir deles também no plano objetivo, a fim de conseguir a "pobreza pelo espírito", isto é, a libertação interior. Aquele jovem rico do Evangelho, ao que parece, era incapaz de possuir sem ser possuído; por isso, o divino Mestre lhe recomendou que se despossuísse de tudo a fim de não ser possuído de nada — mas ele falhou. E por isso se retirou, triste e pesaroso, "porque era possuidor de muitos bens". Possuidor? Não — era possuído de muitos bens.

Entre *possuidor* e *possuído* há, verbalmente, apenas a diferença de uma letra, o "r" — mas esse "r" fez uma diferença enorme, porque é o "r" da redenção. *O possuído é escravo — o possuidor não possuído é remido da escravidão. Quem não sabe possuir sem ser possuído fez bem em se despossuir de tudo. Mas quem sabe possuir sem ser possuído pode possuir.*

Não raro, o ato externo do despossuimento é condição preliminar necessária para a libertação interna.

Quem fez dos bens materiais um fim, em vez de um meio, pratica idolatria, porque "ninguém pode servir a dois senhores, a Deus e ao dinheiro". Quem serve é servo, escravo, inferior. Quem serve ao dinheiro proclama o dinheiro seu senhor e soberano, e a si mesmo servo e súdito. Mas quem obriga o dinheiro a servir-lhe é senhor dele, porque usa o dinheiro como meio para algum fim superior.

Quem serve a Deus "em espírito e verdade" pode ser servido pelo dinheiro e por outros bens materiais.

Bem-aventurados os pobres pelo espírito, os que, pela força do espírito, se emanciparam da escravidão da matéria. Deles é o reino dos céus, agora, aqui, e para sempre e por toda a parte, porque, sendo que o reino dos céus está dentro do homem, esse homem leva consigo o reino da sua felicidade aonde quer que vá...

O nosso pequeno ego humano é muito fraco, e necessita ser escorado por muitos bens materiais, para se sentir um pouco mais forte e seguro — mas o nosso Eu divino é tão forte que pode dispensar essas escoras e muletas externas e sentir-se perfeitamente seguro pela força interna do espírito.

Todo o problema está em saber ultrapassar a fraqueza e insegurança do ego e entrar na força e segurança do Eu...

Bem-aventurado esse pobre do ego — e esse rico do Eu!...

Dele é o reino dos céus!...

❖

"Bem-aventurados os puros de coração"

"Pobre pelo espírito" é aquele que se libertou interiormente de todo o apego a qualquer objeto externo.

"Puro de coração" é aquele que se libertou não só dos objetos externos, mas também do sujeito interno, isto é, daquilo que ele idolatrava como sendo o seu sujeito, o seu eu, embora fosse apenas o seu pseudoeu, o seu pequeno ego físico-mental.

Quem se libertou dos bens materiais fora dele possui o "reino dos céus", porque o seu reino já não é deste mundo; rejeitou a oferta do ego luciférico "eu te darei todos os reinos do mundo e sua glória" — mas quem se libertou também do maior pseudobem dentro dele, o seu idolatrado ego personal, esse tem a certeza de "ver a Deus", verá o verdadeiro Deus, porque olha para além do seu falso eu.

De maneira que ser puro de coração é ainda mais glorioso do que ser pobre pelo espírito; ser interiormente livre da obsessão do ego vivo é mais do que ser livre da escravidão da matéria morta. Aliás, ninguém pode ser realmente livre da matéria morta dos bens externos sem ser livre da ilusão do ego vivo, porque tudo que eu chamo "meu" é apenas um reflexo e uma consequência do meu falso "eu", o ego físico-mental; se o meu falso eu se tivesse integrado no verdadeiro Eu, que é o Universo em mim, não teria eu necessidade alguma de me apegar àquilo que chamo "meu", os bens individuais. Enquanto o pequeno eu não tiver em si suficiente segurança interna, necessita buscar segurança em fatores externos; mas a segurança interna torna supérflua a segurança externa; o pequeno eu fez tantos "seguros de vida" porque não possui segurança. Age sob o impulso da lei da compensação.

A definitiva integração do pequeno ego físico-mental no grande Eu racional-espiritual é que é pureza de coração, que garante uma visão clara de Deus. Ninguém pode ver claramente o Deus transcendente do universo de fora antes de ver nitidamente o Deus imanente do universo de dentro.

Nas letras sacras — como também nos escritos de Mahatma Gandhi —, "impureza" quer dizer egoísmo, e "pureza" significa o oposto, que é o amor universal à solidariedade cósmica. Os demônios, no Evangelho, são constantemente chamados "espíritos impuros", porque são egoístas, tanto assim que procuram apoderar-se de corpos humanos, desequilibrando-os, física e mentalmente, só para gozarem de certo conforto pessoal que essa obsessão lhes dá. Esse egoísmo é que é chamado "impureza".

Gandhi, quando não conseguia fazer prevalecer os seus ideais entre os patrícios renitentes, recorria a um período de *self-purification*, mediante a oração e o jejum, porque atribuía essa sua falta de força espiritual ao seu egoísmo; para ele, egoísmo era impureza e fraqueza, ao passo que amor era pureza e força.

Certa teologia cristã, quando fala em impureza, entende apenas o abuso dos prazeres sexuais. Estes, certamente, também fazem parte do egoísmo humano, são o egoísmo da carne; mas não são a única, nem mesmo a principal zona do egoísmo ou da impureza; todo e qualquer egoísmo é impureza. Os demônios de que o Evangelho nos fala eram "espíritos impuros", embora não estivessem sujeitos à impureza sexual. Eram impuros por egoísmo.

O egoísta impuro não pode ver a Deus, que é amor puríssimo. O egoísmo, portanto, a egolatria, equivale a uma cegueira mental. Entre o Deus-amor e o homem egoísta se ergue, por assim dizer, uma muralha opaca que intercepta a luz divina. Enquanto o homem não ultrapassar as estreitas barreiras do seu ego pessoal, está com os olhos vendados, separados de Deus por uma camada impermeável à luz, que é a impureza do coração. Por mais que um ególatra ouça falar em Deus, nada compreende, porque compreender supõe ser. Ninguém pode compreender senão aquilo que ele vive ou é no seu íntimo ser. Entender é um ato mental, mas compreender é uma atitude vital; entender mentalmente é uma função parcial, unilateral do nosso ego humano — compreender é uma vivência total, unilateral, do nosso Eu divino. Quem não é divino não pode saber o que é Deus. O egoísta é antidivino, e por isso não pode compreender o que é divino, não pode "ver a Deus", antes de adquirir "pureza de coração".

"Ver a Deus", "ver o reino de Deus", são expressões típicas que Jesus usa para designar a experiência direta da Realidade eterna, o contato íntimo com ela. Outros creem em Deus — mas só o puro de coração vê a Deus. O simples *crer*, embora necessário como estágio preliminar, não é suficiente para a definitiva redenção do homem, que consiste na vidência ou visão de Deus. "Bem-aventurados os puros de coração, porque eles verão a Deus..."

* * *

Se é difícil a "pobreza pelo espírito", muito mais difícil é a "pureza do coração". O desapego dos bens externos é o abandono de algo que não foi, nem jamais poderá ser parte integrante do homem, algo que nunca foi nem pode ser realmente "seu" — ao passo que o ego personal é parte integrante do homem, é "seu", embora não seja ele mesmo; e por isso a renúncia à sua personalidade físico-mental em prol da sua individualidade espiritual é incomparavelmente mais difícil do que a renúncia à cobiça dos bens externos. Parece ser uma morte para o homem que ainda não descobriu o seu eterno Eu. Mas essa morte é indispensável para a ressurreição. A coragem de arriscar ou não arriscar esse salto mortal do ego humano para o Eu divino é que divide a humanidade em dois campos: em profanos e iniciados, nos de fora e nos de dentro, em cegos e videntes, em inexperientes e experientes, em insipientes e em sapientes. É necessário que o homem sofra tudo isso para assim entrar em sua glória...

* * *

O despertar dessa nova vidência, que existe, dormente, em cada um de nós, requer exercício intenso, assíduo e prolongado, porque o homem tem de superar barreiras já estabilizadas há séculos e milênios. Se essa vidência não fosse parte integrante da natureza humana, nenhuma esperança haveria de a podermos despertar, porque não se pode despertar o que não existe. Mas nós sabemos que ela existe. Em alguns essa vidência adquiriu intensidade e nitidez muito maior do que em nós, e pelo menos num homem chegou ela a ser perfeitamente desenvolvida. Ora, o que aconteceu uma vez pode acontecer mais vezes.

Sem exercícios sistemáticos e bem orientados é impossível termos esse contato consciente com o grande mundo desconhecido.

Os exercícios, porém, não consistem apenas em determinadas técnicas intermitentemente praticadas, como as escolas iniciáticas prescrevem; muito mais importante que essas práticas periódicas é a vivência contínua, o viver de cada dia inteiramente pautado por essa realidade.

Esse exercício diário e vital consiste, principalmente, numa permanente atitude interna de querer servir, servir espontânea e gratuitamente a todos. Esse clima de querer servir, espontânea e gratuitamente, remove os obstáculos que existem entre nós e o Todo (Deus), porque diminui gradualmente o egoísmo unilateral e exclusivista e aumenta a solidariedade unilateral e inclusivista, que uns chamam altruísmo, outros amor, outros ainda benevolência universal. Com essas práticas diárias, a muralha opaca que se ergue entre nós e Deus se torna cada vez mais transparente, permitindo-nos a visão da grande Luz.

❖

"Bem-aventurados os mansos..."

Indício infalível da verdadeira autorrealização é a mansidão. O homem que encontrou o seu Eu divino é necessariamente manso.

Em que consiste a mansidão?

Consiste na desistência de qualquer violência, tanto física como mental, e sua substituição pela força do espírito.

Todos os seres que não atingiram a consciência espiritual recorrem à violência para conseguirem os seus fins. Os irracionais só conhecem violência material. O homem, depois de intelectualizado, descobriu outro tipo de violência muito mais eficiente, que é a violência mental, violência essa que tem muitos nomes entre os homens; uns lhe chamam astúcia, outros, sagacidade, outros ainda política, diplomacia, exploração, etc. No fundo, porém, é invariavelmente a mesma: são certos argumentos analíticos de que a inteligência se serve para conseguir os seus fins próprios da personalidade do ego.

Entretanto, no estágio atual da sua evolução, nada pode o homem comum fazer de positivo só com a sua força mental; necessita exercer impacto mental sobre os fenômenos materiais; necessita aplicar a sua energia intelectual à matéria.

Existe, todavia, uma classe de seres — e também há representantes entre os homens — que não necessita de máquinas e aparelhos físicos para realizar as suas concepções mentais: serve-se das forças astrais, invisíveis ao comum dos homens, porém muito mais eficientes que os fenômenos materiais.

Esses são os magos, os reis da magia mental.

O maior dos magos mentais que a história conhece foi, provavelmente, aquele homem estranho chamado Mose, ou Moisés, em cujas veias corria sangue hebreu — e talvez egípcio — que foi iniciado em toda a sabedoria dos egípcios no palácio do faraó, e que atingiu o auge da magia mental durante os 40 anos que viveu, como pastor, na silenciosa solidão das estepes da Arábia. Para libertar o seu povo da opressão dos faraós do Egito, não recorreu à violência física, como aliás havia tentado quarenta anos antes, mas apelou para as terríveis armas invisíveis da magia mental, fulminando contra o Egito as dez pragas, que terminaram com a morte de todos os primogênitos do país.

É esta a violência máxima a que o homem pode chegar, as forças do mundo astral, teleguiadas pela inteligência humana. O comum da nossa humanidade está bem longe dessa conquista, a que ela chegará um dia. E será então que a nossa força mental desencadeará sobre a humanidade a mais tremenda tempestade de catástrofes, se não integrar essa força no domínio superior da razão espiritual.

Quando, porém, o homem avança notavelmente no caminho da sua evolução superior, compreende ele que toda a violência física e mental, sem excetuar a mais alta magia mental, é sinal de fraqueza. Quando o homem descobre em si as potências divinas, desiste definitivamente de toda e qualquer espécie de violência física e mental. Não mais confia em máquinas e aparelhos materiais manobrados pela força do intelecto, nem já recorre às energias do mundo astral para conseguir efeitos de magia mental a atuarem sobre o mundo visível.

Todos esses tipos de violência pertencem ao plano horizontal das quantidades, que não são reais, mas ilusórias. O homem profano não tem olhos assaz apurados para ver que tudo quanto o homem tem, na zona dos objetos, não é decisivo para sua verdadeira realização e felicidade. Decisivo é somente aquilo que ele é, no plano vertical. Esse seu verdadeiro "ser", porém, não pode ser realizado por nenhuma espécie de violência, que é do mundo das quantidades, mas tão somente pela mansidão, que é o característico do mundo da qualidade, do qual é parte integrante o nosso "ser".

Uma vez descoberta em si essa força suprema, repugna ao homem recorrer a qualquer força inferior, já que a suprema força do Universo está a seu dispor. Quem pode lançar mão de uma força igual a 100 não vê razão para recorrer a forças iguais a 1 ou 2. Nenhum soldado ou oficial da Era Atômica sairá ao campo de batalha armado de arco e flecha, ou duma primitiva clava de pau ou de pedra, como os povos primitivos. Nenhum homem adulto sensato passará o seu tempo a brincar com bonecas de celuloide, soldadinhos de chumbo ou aviõezinhos de plástico.

Para o profano, o inexperiente, a violência física, astral ou mental são as forças por excelência, supremas e únicas do mundo, porque ignoram as forças espirituais. Ouviu dizer, é verdade, que existe um mundo que se orienta unicamente por forças espirituais, e esse homem profano talvez creia nesse mundo e nessas forças; mas o simples crer não descobre a "energia nuclear" do espírito que forma a íntima essência do homem. Não basta a aceitação de um artigo de fé, é necessária a experiência direta da realidade última.

O homem autorrealizado descobriu a essência de si mesmo e de todas as coisas, essência essa que é imaterial, e por isso não mais o interessam as aparências periféricas, que os profanos consideram realidades.

Por isso, o agir do iniciado é totalmente diferente do agir do profano. Não corre freneticamente atrás dos efeitos ilusórios, mas apodera-se tranquilamente da causa real de todas as coisas. Cria dentro de si mesmo uma espécie de "centro de sucção" (desculpem a comparação primitiva!), espécie de vácuo; e, em virtude dessa vacuidade estabelecida e mantida voluntariamente, todas as plenitudes, mesmo as da vida presente, são "sugadas" ou atraídas para esse homem. De dentro do seu centro dinâmico e silencioso, domina ele todas as periferias. Ele é silenciosamente poderoso, quando outros são ruidosamente fracos, embora se tenham em conta de fortes. Esse homem sabe por experiência própria que "todas as coisas são dadas de acréscimo" àquele que "em primeiro lugar busca o reino de Deus e sua justiça". Isto ele não crê, isto ele sabe, porque vive cada dia essa grande verdade. E ele também descobriu o segredo — ia quase dizendo, a técnica dessa força cósmica.

Por isso, não há para o homem manso de coração motivo algum para recorrer à fraqueza da violência brutal, quando ele possui a força da suavidade e benevolência espiritual.

* * *

O que, à primeira vista, causa estranheza nessa bem-aventurança é a promessa de que os mansos possuirão (ou herdarão) a "terra". Harmoniza com as palavras dos livros sacros de que, um dia, o reino de Deus será proclamado "sobre a face da Terra", porque, na plenitude dos tempos, haverá um "novo céu e uma nova terra". A humanidade imperfeita que agora habita esta terra com suas vibrações baixas e pesadas terá de passar por muitos estágios de evolução, em outros mundos, outros planetas ou nos espaços intersiderais, e, após longos milênios de experiências e sofrimentos, voltará ela, purificada e com outras vibrações, a habitar esta terra, transformada num habitáculo de seres puros. Esses homens puros serão "mansos", isto é, não violentos; nada farão por meio de força bruta, tudo farão com força espiritual. O espírito da força será substituído pela força do espírito. E os que, já agora, assumirem essa atitude de não violência (*ahimsa*, diria Gandhi) serão os legítimos herdeiros e possuidores desta terra, da qual já estão tomando posse na vida presente. O espírito da força realiza uma posse temporária, efêmera, como aliás mostra a história da humanidade, ao passo que a força do espírito realiza uma posse permanente e durável. Onde estão as conquistas violentas de Alexandre Magno, de Júlio César, de Gengis-Khan, de Napoleão, de Hitler, Mussolini e outros adeptos da força bruta? Entretanto, as conquistas feitas pela irresistível suavidade do espírito da mansidão e do amor, como as de Jesus Cristo, de Francisco de Assis, de Mahatma Gandhi e outros continuam em milhares e milhões de almas humanas. "*Violenta non durante*", diziam os antigos pensadores romanos; as coisas violentas não duram — as coisas suaves têm duração garantida, embora a sua atuação inicial seja, quase sempre, lenta e quase imperceptível. Uma bomba atômica destrói uma cidade inteira em poucos segundos, ao passo que uma semente viva leva séculos inteiros para construir uma árvore no seio da floresta. Aqui, a força suave da vida — acolá a força brutal da morte.

De resto, mesmo agora, não é exato que os violentos, física ou mentalmente, possuam a terra, como parece à primeira vista. Possuir não é agarrar, segurar, isolar violentamente um objeto; este modo de possuir é totalmente ilusório e meramente aparente, como tudo que é violento e compulsório. Quem não possui o coração, a alma, a simpatia, o amor de uma pessoa não possui esse ser, ainda que o abrace, coloque-o em sua casa e encerre-o numa cadeia. Ninguém pode possuir realmente aquilo de que ele é possuído — só pode possuir aquilo de que ele é livre, contanto que o afirme com a misteriosa força do amor e da benevolência. Arrebatar e segurar violentamente um objeto é o mesmo que não possuir esse objeto. Só a suavidade do amor é que torna o objeto possuível. A verdadeira posse supõe espontaneidade bilateral da parte do possuidor e do possuído. Se o possuidor se apodera violentamente de um objeto, um ser qualquer, e se esse ser é por ele possuído compulsoriamente, sem ou contra sua vontade — então esse homem não possui realmente esse ser, porque ele não é possuível.

Há auras anônimas e imponderáveis que envolvem e penetram o homem espiritual, auras que atuam com suave intensidade sobre outros homens, e até sobre os objetos circunjacentes. Ninguém imita a vida de um homem que não lhe seja simpático. Simpatia, porém, é uma emanação da verdade e do amor.

É fato multimilenar que os homens que mais realizam em si a força do espírito do que o espírito da força são credores do amor, da simpatia e entusiástica dedicação dos melhores entre os filhos dos homens.

E quem possui a alma, o coração, o amor de alguém possui também o corpo dele e todas as coisas que ele possui.

Esta sabedoria cósmica que proclama a posse do mundo e dos homens pela suavidade do amor e da benevolência, pela não violência e não agressividade, é privilégio de poucos homens da atual geração. Os violentos ainda predominam entre nós, e têm-se em conta de senhores da terra; mas o seu domínio é fictício e ilusório. Os poucos mansos que existem são mais possuidores da terra do que os numerosos violentos, os insolentes, os impertinentes, os tiranos, os ditadores.

Essa promessa de Jesus, de que os mansos possuirão a terra, parece tão estranhamente paradoxal e contrária a todas as nossas experiências, que julgamos necessário investigar um pouco mais o conceito de "possuir".

Podem os violentos conquistar a terra, apoderar-se dela à força de armas e carnificinas — mas eles nunca possuirão a terra, e menos ainda os homens da terra. O verdadeiro "possuidor" não é um ato físico, material, mas uma atitude metafísica, espiritual. O verdadeiro "possuidor" é do mundo do ser interno, e não do mundo do ter externo. O profano pensa que possui algo ou alguém quando o tem preso nas mãos ou por detrás de grades de ferro — mas o iniciado sabe que "possuir" supõe "ser", e até uma atitude de "ser" bilateral, da parte do possuidor e da parte do possuído. Enquanto o pretenso possuidor possui o seu objeto ou uma pessoa, esse algo ou alguém não é por ele possuído realmente enquanto a posse é unilateral, porque possuir realmente supõe uma atitude bilateral da parte do possuidor e da parte do possuído; e, neste caso, também o possuído (passivo) se torna um possuidor (ativo).

Ninguém pode possuir algo ou alguém enquanto esse algo ou alguém não concorda em ser possuído; mas, a partir do momento em que consente em ser possuído, o possuidor o possui realmente, porque também o possuído se tornou um possuidor, e há igualdade de posse de parte a parte.

Por esta mesma razão, nenhum homem pode possuir realmente um objeto inconsciente, coisas inanimadas, objetos neutros, porque este algo, embora não possa discordar explicitamente da possessão, ou do possuimento — porque para esse protesto explícito lhe falta a necessária consciência —, contudo, esse objeto não é realmente possuído pelo possuidor porque não deu o seu consentimento em ser possuído.

Supomos, neste caso, que haja objetos inconscientes, e por isso em estado neutro em face do possuimento humano; mas não é bem exato, porque não há nada realmente inconsciente. Todo e qualquer objeto, mesmo do mundo mineral, tem certo grau de consciência, e pode, até certo ponto, não concordar em ser possuído pelo homem. E como, no plano da intelectualidade não espiritualizada, o homem é essencialmente inimigo da Natureza, nenhum ser da Natureza concorda, de fato, em ser possuído por ele, porque o homem mental é o homem profano e hostil. Pode, certamente, uma escrava ser possuída fisicamente por seu tirânico senhor, mas, enquanto ela é escrava, e não amiga, esse senhor não a possui realmente, embora a tenha conquistado, tomado de assalto, violentado, estuprado; o íntimo, o verdadeiro Eu da escrava, continua livre, não possuído pelo pseudopossuidor.

Só se pode possuir algo ou alguém pelo amor mútuo, bilateral, espontâneo, quando ao "sim" de um responde o "sim" do outro.

Compreendemos facilmente que uma pessoa possa sintonizar as suas vibrações pela frequência vibratória de outra pessoa — mas dificilmente admitimos que uma coisa inanimada e inconsciente, como a terra ou a natureza, possam sintonizar a sua vibração com a do homem. Poderá ela concordar ou discordar em ser por ele possuída ou não?

Aqui é que está um dos velhos erros do homem profano de todos os tempos e de todas as idades: pensar que a natureza infra-humana, falsamente chamada inconsciente, não sinta as auras irradiadas pelo homem. Como se a natureza fosse uma massa morta, e não uma presença viva!...

Está provado, com milhares de exemplos, que a natureza, mesmo mineral, reage às invisíveis e variáveis irradiações do homem, que ela assume atitude negativa ou positiva, hostil ou amiga, em face do homem, consoante a atmosfera interna do homem. Paramahansa Yogananda conta em seu livro *Autobiografia de um yogui contem-*

porâneo, sobre o grande botânico da Califórnia, Lutero Burbank, que falava às flores e delas conseguia novas formas e cores, até o abandono de espinhos, por "sugestão espiritual". Paul Brunton, em sua obra *A search in secret India*, refere muitos casos congêneres, inclusive aquele em que um hindu tomou nos braços uma cobra venenosa e a acalmou plenamente com suas vibrações amigas. Uns anos atrás, referiu o *Reader's Digest* o drama de um elefante furioso no Zoológico de Chicago, que, por indomável, ia ser morto a tiro, quando apareceu alguém que acalmou o animal, segredando-lhe ao ouvido vibrações carinhosas.

Toda a vida de São Francisco de Assis é uma afirmação permanente de que a natureza não é inconsciente e compreende a linguagem do homem, quando esta deixa o plano teórico da análise mental e passa para a misteriosa zona vital ou espiritual. A zona do amor é a zona do superconsciente por excelência, porque, como diz Schweitzer, *"die Liebe ist die hoechste Vernunit"* (o amor é a mais alta razão). Não é fácil, ao homem comum, atingir os pináculos da suprema racionalidade pela ladeira íngreme da metafísica, e poucos conseguem escalar o "Himalaia" por esse lado; mas é fácil ascender ao mais alto "Everest" da suprema racionalidade pelo caminho do amor. Amar incondicionalmente é o caminho mais curto e rápido às alturas da compreensão integral e universal.

❖

"Bem-aventurados os misericordiosos"

Misericordioso é aquele que tem coração para os míseros; aquele que compreende e ama os fracos, os ignorantes, os doentes, todos os necessitados de corpo, mente e alma, e procura aliviar-lhes os sofrimentos.

Verdade é que o Cristianismo não é, simplesmente, a religião da ética ou caridade; ele é, essencialmente, místico, na sua infinita verticalidade divina; mas também é certo que ninguém chega a essas alturas místicas da direta experiência de Deus se não se exaurir em caridades éticas para com seus semelhantes; e, depois de atingir as excelsitudes da mística, nunca deixará de manifestar pelo "segundo mandamento" o "primeiro e maior de todos os mandamentos".

O homem meramente profano é ruidosamente social.

O homem místico é silenciosamente solitário.

Mas o homem plenamente crístico é dinamicamente solidário.

Essa solidariedade dinâmica do homem cristificado não exclui, mas inclui a solidão espiritual do místico. O homem crístico é, por dentro, unicamente de Deus, e, por fora, de todas as creaturas de Deus.

Ninguém pode ser, firme e fecundamente, solidário com os homens se não for, sólida e profundamente, solitário em Deus. A fraternidade humana supõe a paternidade de Deus.

Os misericordiosos receberão misericórdia não da parte dos homens aos quais mostraram misericórdia, mas por parte de Deus, em cujo divino amor está radicada a verdadeira caridade humana e de cujo seio brota sem cessar.

Quanto mais o homem dá, na horizontal, tanto mais recebe, na vertical. Existe uma lei cósmica que produz infalivelmente o enriquecimento do homem que em si mantém permanentemente uma atitude doadora, que está sempre disposto a dar do que tem e a dar o que é, isto é, ajudar a seus semelhantes com os objetos que possui e com o amor do próprio sujeito que ele é. Não basta "fazer o bem" (dar objetos) — é necessário também "ser bom" (dar o sujeito). O Cristianismo não é uma religião meramente ética, que ensina a fazer o bem — mas é, sobretudo, uma religião mística, que exige que o homem seja bom. Fazer o bem é o cumprimento do segundo mandamento, "amarás o teu próximo como a ti mesmo"; ser bom é a atitude do primeiro e maior de todos os mandamentos, "amarás o senhor teu Deus de todo o teu coração, com toda a tua alma, com toda a tua mente e com todas as tuas forças".

Pode alguém fazer o bem sem ser bom, porque esse "bem" é apenas um objeto — mas ninguém pode ser bom sem fazer o bem, porque esse "ser bom" é o próprio sujeito, que, como o próprio vocábulo diz, "subjaz" (jaz por debaixo) como causa a todos os efeitos, que "objazem" (jazem defronte ou de fora). Não são os efeitos que produzem a causa, mas é a causa que produz os efeitos; não são os objetos, o "fazer bem", que produzem o sujeito, o "ser bom", mas sim vice-versa, o "ser bom" produz o "fazer bem". A mística produz a ética. Se a mística de alguém não produz a ética é porque não é real, mas apenas uma pseudomística.

Existe, certamente, uma espécie de ética anterior à mística, e ela é até necessária para preparar o caminho para esta; mas essa ética pré-mística é sempre difícil, dolorosa, sacrificial — e todos sabem por experiência que as coisas difíceis não têm garantia de perpetuidade.

Somente a ética *post*-mística, que brotou das fecundas profundezas da experiência de Deus, é que é fácil e deleitosa, e tem sólida garantia de perpetuidade.

Por isso, os misericordiosos que Jesus proclama bem-aventurados não são apenas pessoas eticamente boas, fazedoras do bem — mas são pessoas misticamente perfeitas, experientes de Deus, e, por isso, essencialmente boas.

Esses homens essencialmente perfeitos pelo imediato contato com Deus são também existencialmente bons pela solidariedade com todas as creaturas de Deus. Quem viveu misticamente o Deus do mundo, vive eticamente com todo o mundo de Deus, porquanto a profunda vertical da mística produz necessariamente a vaste horizontal da ética — é esta a grandiosa matemática cósmica da Verdade Libertadora.

"Conhecereis a Verdade e a Verdade vos libertará."

Esses misericordiosos receberão misericórdia não dos homens, mas de Deus. A misericórdia voltada a seus semelhantes não é causa, mas condição para que recebam misericórdia de Deus, porque ninguém pode merecer causalmente uma dádiva divina; tudo que é espiritual e divino é essencialmente gratuito, é de graça, porque é graça; é, todavia, necessário que o homem crie dentro de si o clima propício para que essa dádiva gratuita lhe possa ser concedida; esse clima propício, ou essa receptividade, é que é a condição, que em hipótese alguma é causa.

Quem espera recompensa, pagamento, pelos benefícios que presta à humanidade é egoísta, mercenário, ainda que essa recompensa consista apenas no desejo de reconhecimento ou gratidão da parte de seus beneficiados. Esse desejo não deixa de ser egoísta e mercenário e tolhe ao homem a "gloriosa liberdade dos filhos de Deus", tornando-o escravo e prisioneiro de uma prisão muito perigosa, porque sumamente sutil e, aparentemente, justificada, como é o desejo de gratidão. O beneficiado, é certo, tem a obrigação de ser grato, mas o benfeitor não tem o direito de esperar gratidão. Com esse desejo, por mais secreto e bem camuflado, ele inutilizaria a sua ação e tolheria a si mesmo a liberdade.

O homem crístico está liberto de qualquer espírito mercenário; trabalha inteiramente de graça, nem espera resultado algum externo de seus trabalhos. Trabalha por amor à sua grande missão, pois sabe que é embaixador plenipotenciário de Deus aqui na terra e em outros mundos. E é por isso que ele trabalha com o máximo de perfeição e alegria em tudo, tanto nas coisas grandes como nas coisas pequenas. Nunca trabalha para ter público que o aplauda. Por isso, não o exaltam louvores, nem o deprimem censuras; é indiferente a vivas e a vaias, a aplausos e a apupos, a benquerenças e malquerenças, porque se libertou definitivamente de todas as escravidões do homem profano, do "homem velho", e se revestiu da leve e luminosa vestimenta do "homem novo", liberto pela Verdade.

Esse homem vive permanentemente na atmosfera serena e sorridente da "gloriosa liberdade dos filhos de Deus", cujo diploma crístico vem resumido nas seguintes palavras: "Quando tiverdes feito tudo o que devíeis fazer, dizei: 'Somos servos inúteis, cumprimos apenas a nossa obrigação, nenhuma recompensa merecemos por isso'"...

São estes os misericordiosos que alcançarão misericórdia — esses bem-aventurados...

❖

"Bem-aventurados os que têm fome e sede de justiça"

Esta bem-aventurança visa, sobretudo, os insatisfcitos, os descontentes consigo mesmos, os que sofrem o tormento do Infinito, a nostalgia do Eterno, os que vivem ou agonizam numa estranha inquietude metafísica, os que creem mais no muito que ignoram do que no pouco que sabem.

Esta bem-aventurança sobre a bendita "fome e sede" não será compreendida por aqueles que estão quites e em dia consigo e com Deus, os que nunca experimentaram o que quer dizer estar "sofrido de Deus".

Por mais estranho e paradoxal que pareça, o fato é que os que mais possuem a Deus mais o procuram, e tanto mais dolorosamente o sofrem quanto mais deliciosamente o gozam. Na vida presente, o homem espiritual é vítima da sua espiritualidade e mártir da sua própria mística. É que toda a conquista no terreno espiritual sofre a sua própria insuficiência, uma vez que a distância que medeia entre qualquer finito e o Infinito é sempre igual a infinito, e os que já percorreram boa parte do caminho e adquiriram grande clarividência das coisas de Deus percebem mais apuradamente esta verdade do que outros.

Mas este sofrimento é uma doce amargura, uma "bem-aventurada fome e sede".

* * *

Antes de tudo, convém esclarecer o que aqui se entende pela palavra "justiça". Esta palavra, toda vez que ocorre nas sagradas Escrituras, significa a relação ou atitude justa e reta que o homem assume em face de Deus. Não se refere à justiça no sentido jurídico, do plano horizontal, como é usada na vida social de cada dia. Justiça é, pois, a compreensão intuitiva de Deus (a mística) e o seu natural transbordamento na vida cotidiana (a ética).

Jesus proclama felizes os que têm fome e sede dessa experiência íntima, os que estão insatisfeitos com o pouco ou muito que alcançaram no caminho árduo da sua cristificação. Sabem que estrada imensa lhes resta ainda a percorrer; mas sabem que é glorioso continuarem a andar rumo a seu grande destino. São como aves migratórias que, à aproximação do outono, percebem em si o tropismo de regiões distantes, nunca vistas, onde a luz e o calor, já em declínio na zona do seu *habitat*, se acham em plena ascensão. Daí o misterioso magnetismo que as atrai para regiões longínquas.

Para que o homem sinta em si essa espécie de nostalgia metafísica, deve ele ter ultrapassado certas fronteiras de vivência comum; deve sentir certo cansaço — ia quase dizendo pessimismo — da vida terrestre, deve sentir, com maior ou menor intensidade e nitidez, o anseio de algo que nunca viu, mas de cuja existência tem intuitiva certeza. O homem que ainda vive totalmente engolfado nos afazeres da lufa-lufa comum dos profanos, caçadores de matéria morta e carne viva, esse não está maduro para ter fome e sede de um mundo invisível. Antes de sentir essa fome, terá de experimentar o fastio daquilo de que agora tem fome. "Quem bebe desta água (das coisas materiais) torna a ter sede (das mesmas); mas quem beber da água que eu lhe darei, esse nunca mais terá sede (das coisas materiais)" porque esta água se lhe tornará numa fonte que jorra para a vida eterna.

Sendo que as coisas materiais não apagam o desejo; pelo contrário, quanto mais gozadas tanto mais acendem o desejo, porque a posse aumenta o desejo, e o desejo exige novas posses — os profanos têm de intensificar cada vez mais os estímulos para sentirem ainda novos gozos; e, não raro, procuram narcotizar-se com os pequenos finitos de cada dia para não sofrerem a insatisfação de que estas coisas não podem dar definitiva satisfação. Em vez de ultrapassarem a barreira das quantidades e entrarem na zona da qualidade, tentam aumentar as quantidades — assim como quem bebe água salgada para apagar a sede, acendendo-a cada vez mais.

* * *

O divino Mestre proclama felizes os que sofrem essa fome e sede da experiência de Deus, porque eles serão "saciados".

É certo que, um dia, em outros mundos, essa nostalgia será satisfeita, porque a natureza não engana seus filhos, impelindo-os a um alvo fictício. Se existem terras tropicais adivinhadas pelas aves migratórias das zonas frias, não pode deixar de existir aquele mundo que os anseios metafísicos dos melhores entre os filhos dos homens sentem nas profundezas da alma.

Ainda que o finito em demanda do Infinito tenha sempre diante de si itinerário ilimitado, e jamais chegará a um ponto onde lhe seja vedado progredir ulteriormente — porque não há "luz vermelha" nos caminhos de Deus —, é certo que o humano viajor chegará a um ponto em que a sua compreensão e amor de Deus o tornará profundamente feliz.

❖

"Bem-aventurados os pacificadores"

A palavra latina *pacificare*, da qual é derivada *pacificus*, é composta de dois radicais (e o mesmo acontece em grego): *pax* e *facere*, isto é, "paz" e "fazer". Pacificador (em latim *pacificus*) é, pois, aquele que faz a paz, é um "fazedor de paz", um homem que possui em si a força creadora de estabelecer ou restabelecer um estado ou uma atitude permanente de paz no meio de qualquer campo de batalha.

A tradução "pacíficos", em vez de "pacificadores", que se encontra em muitas versões portuguesas, não corresponde ao sentido do original grego *eirenopoio*, nem ao do latim *pacifici*, porque ambos significam um processo ativo e dinâmico, e não apenas um estado passivo de paz.

Quem é, pois, verdadeiro pacificador?

Não é, em primeiro lugar, aquele que restabelece a paz entre pessoas ou grupos litigantes, mas sim aquele que estabelece e estabiliza a paz dentro de si mesmo. Aliás, ninguém pode ser verdadeiro pacificador de outros se não for pacificador de si mesmo. Só um autopacificador é que pode ser um alopacificador. A pior das discórdias, a mais trágica das guerras é o conflito que o homem traz dentro de si mesmo, o conflito entre o ego físico-mental da sua humana personalidade e o Eu espiritual da sua divina individualidade. Se não houvesse conflito interior, entre o seu Lúcifer e o seu Lógos, não haveria conflitos exteriores, na família, na sociedade, nas nações, entre povos. Todos os conflitos externos são filhos de algum conflito interno não devidamente pacificado. Por isso, é absurdo querer abolir as guerras ou revoluções de fora, as discórdias domésticas no lar ou no campo de batalha, enquanto o homem não abolir primeiro o conflito dentro da sua própria pessoa.

O grande tratado de paz tem de ser assinado no foro interno do Eu individual antes de poder ser ratificado no foro externo das relações sociais. Nunca haverá Nações Unidas, nunca haverá sociedade ou família unida enquanto não houver indivíduo unido. Pode, quando muito, haver um precário armistício (que quer dizer "repouso de armas"), mas não uma paz sólida e duradoura enquanto o indivíduo estiver em guerra consigo mesmo. Que é um armistício se não uma trégua, maior ou menor, entre duas guerras? Paz social, segura e estável, supõe paz individual, firme e sólida.

* * *

"Eu vos deixo a paz, eu vos dou a minha paz" — disse o Mestre, em vésperas da sua morte —, não a dou assim como o mundo a dá; dou-vos a minha paz para que a minha alegria esteja em vós, e seja perfeita a vossa alegria, e ninguém mais vos tire a vossa alegria.

É este o grande tratado de paz, no santuário da alma. Não é um armistício precário de cuja estabilidade se deva temer a cada momento, mas é uma paz firme e indestrutível, plena de alegria e felicidade, porque alicerçada sobre a verdade, a "verdade libertadora".

Essa paz segura e duradoura, porém, só pode existir no homem que ultrapassou todos os erros e todas as ilusões do velho ego e se identificou com a verdade do novo Eu, o homem que descobriu em si o Cristo e o fez triunfar sobre sua vida.

Esta bem-aventurança é, pois, a apoteose da autorrealização porque o homem que realiza o seu elemento divino, o seu Cristo interno, entra num mundo de firmeza e paz, que se revela constantemente em forma de alegria e felicidade e se concretiza em benevolência e vontade de servir e de dar. O homem que encontrou Deus pela experiência mística é, naturalmente, bom e benévolo com todos os homens e com os seres infra-humanos. A felicidade interna tem a irresistível tendência de transbordar em benevolência externa e numa vontade de servir e dar espontânea e jubilosamente. Quando o homem é mau e desabrido com os outros é porque não tem paz interior e sente a necessidade de descarregar o excesso da sua infelicidade — "nervosismo", na linguagem eufemística de cada dia — em alguém ou em alguma coisa, e os objetos mais próximos servem de para-raios para essa tensão do homem infeliz. Propriamente, deveria esse homem ser áspero consigo mesmo, o principal culpado; mas, como o egoísmo não lhe permite semelhante sinceridade, são os inocentes ou os menos culpados — não raro, até coisas e animais domésticos — alvo dessa irritação do homem intimamente desarmonizado consigo mesmo.

Quando o homem tolera a si mesmo, graças a uma profunda paz de consciência, todas as coisas e pessoas do mundo são toleráveis; mas, quando o homem, de consciência insatisfeita, não tolera a si mesmo, nada lhe é tolerável.

O remédio não está em mudar os objetos, mas em corrigir o sujeito. Isso, porém, supõe uma sinceridade muito difícil e rara.

* * *

A verdadeira paz é um carisma divino, uma graça, uma dádiva de Deus, qué é dada a todo homem que se tornar receptivo para receber esse tesouro.

A verdadeira paz não pode ser manufaturada pelo ego humano, porque esse ego é o autor de todas as discórdias que existem sobre a face da Terra. Só quando esse pequeno ego humano se integrar no grande Eu divino é que pode surgir uma paz duradoura.

A paz de que fala o divino Mestre e que ele prometeu a seus discípulos não é algo inerte e passivo, como a não resistência duma ovelha em face do lobo. O amor é uma violência espiritual, disse Gandhi, que derrota todos aqueles que recorrem à violência material do ódio.

Verdade é que o creador da verdadeira paz prefere morrer a matar; mas isto é apenas uma consequência natural da sua atitude; não é a essência da paz. A verdadeira paz é algo essencialmente ativo e dinâmico; uma exuberante plenitude vital, e não uma agonizante vacuidade: é uma jubilosa afirmação, e não uma titubeante negação.

Quem tem firme consciência de possuir a plenitude do ser pode facilmente renunciar à abundância do ter. Quem é alguém na sua profunda qualidade vertical, necessita de bem pouco, no plano horizontal do algo, onde impera o ter. O seu ser e o seu ter estão em razão inversa, como as duas conchas duma balança, como o zênite e o nadir. Quanto maior é o ser de uma pessoa, menor é o seu desejo de ter; e, como toda a falta de paz nasce do desejo do ter, e ter cada vez mais, é lógico que o homem que reduziu ao mínimo o seu desejo de ter, não tem motivo para perder a paz.

A paz é, pois, um atributo do ser, é algo qualitativo, algo que tem afinidade com o EU SOU do homem. O homem que tem plena consciência do seu divino EU SOU não tem motivo para brigar ou declarar guerra a alguém por causa dos *teres*, que desunem os homens profanos. Mesmo que os outros o tratem com injustiça por causa dos *teres*, o homem espiritual sabe que todo esse mundo quantitativo do ter é pura ilusão: ninguém pode ter algo que ele não é; só o nosso ser que é realmente nosso.

Por isso, em vez de brigar por causa da capa que alguém lhe roubou, esse milionário do ser oferece tranquilamente ao ladrão também a túnica, porque nem a capa nem a túnica fazem parte do seu verdadeiro ser. E, destarte, ele não sofre perda alguma real; perda de dois zeros em vez de um zero, mas a perda de dois zeros (capa e túnica) não é perda maior que a perda de um zero (só a capa). O profano, precisamente por ser profano, isto é, analfabeto do real, corre loucamente atrás do zero da capa que alguém lhe roubou, mas o iniciado, em vez de reclamar o zero da capa, cede ao amante desse zero mais o zero da túnica e não sofreu prejuízo algum, porque todos os objetos são desvalores, apenas o sujeito é que é valor.

Por isso, o homem que chegou ao conhecimento de si mesmo é invulnerável; ninguém o pode prejudicar, ninguém o pode ofender, ninguém o pode empobrecer, ninguém lhe pode infligir perda de espécie alguma, uma vez que ninguém o pode obrigar a perder o que ele é, e aquilo que ele tem não o enriquece nem a sua perde o empobrece.

A paz nasce, portanto, de uma profunda sabedoria, do conhecimento da verdade sobre si mesmo. Quem conhece essa verdade é livre de todo o ódio, tristeza, rancor, senso de perda e frustração.

* * *

Uma pessoa profundamente harmonizada em si mesma irradia harmonia ao redor de si e satura dessa imponderável e benéfica radiação todas as coisas.

As suas auras benéficas envolvem tudo num halo de serenidade e bem-estar, de fascinante leveza e luminosidade, que atuam, imperceptível, porém seguramente, sobre outras pessoas receptivas.

O homem que estabeleceu a paz de Deus em sua alma é um poderoso fator para restabelecer a paz em outros indivíduos, e, através destes, na sociedade. Não é necessário que fale muito em paz, que aduza eruditos argumentos *pro pace* — basta que ele mesmo seja uma fonte abundante e um veemente foco de paz.

O filósofo místico norte-americano Emerson disse, certa vez, a um homem que falava muito em paz, mas não possuía paz dentro de si: "Não posso ouvir o que dizes, porque aquilo que és troveja muito alto".

Quem não é pacificado dentro de si mesmo, não pode ser pacificador fora de si.

* * *

A conquista definitiva e sólida da paz da alma é fruto de uma grande guerra, guerra que o homem declara a si mesmo, isto é, a seu velho ego. "O reino dos céus sofre violência, e os que usam de violência o tomam de assalto."

Isto é linguagem bélica! O homem tem de lutar arduamente para conquistar a paz. É necessário cruzar misteriosa fronteira dentro de nós para descobrirmos o "tesouro oculto" e a "pérola preciosa" do nosso verdadeiro Eu divino.

* * *

Os pacificadores serão chamados "filhos de Deus".

Deus é a paz eterna, infinita, absoluta; não a paz da inércia, fraqueza e vacuidade — mas a paz da dinâmica, da força, da plenitude. Nele não há discórdia, luta, conflito; e quanto mais o homem se aproxima de Deus, pela compreensão e pelo amor, tanto mais a sua vida se assemelha à vida divina pela paz e serenidade. O homem que fez definitivo tratado de paz consigo mesmo irradia uma atmosfera de calma e felicidade que contagia a todos os que forem suficientemente suscetíveis para perceber essas auras pacificantes.

Os primeiros discípulos de Jesus, referem os Atos dos Apóstolos, eram "todos um só coração e uma só alma"; viviam em paz e harmonia e tomavam as suas refeições em comum, na alegria e simplicidade do seu coração; nem havia entre eles um só indigente, porque os que possuíam demais davam do seu supérfluo aos que tinham de menos.

Destarte, pela paz individual, estava solucionado o problema da paz social.

❖

"Bem-aventurados os tristes"

Não parece estranho que Jesus tenha proclamado felizes os tristes? Ele que disse a seus discípulos: "Deixo-vos a paz, dou-vos a minha paz, para que minha alegria esteja em vós e seja perfeita a vossa alegria e ninguém mais tire de vós a vossa alegria!".

Antes de tudo, convém distinguir duas espécies de tristeza e alegria, uma tristeza central, permanente, por vezes circundada de alegrias periféricas, intermitentes — e uma alegria central, permanente, que, por vezes, se acha envolta em tristeza periférica, intermitente.

Com outras palavras: pode haver uma tristeza-atitude e uma alegria-atitude — como também pode haver uma tristeza-ato e uma alegria-ato. Pode alguém ser triste e estar alegre — como também pode ser alegre e estar triste. O que é decisivo é a atitude interna, permanente, negativa ou positiva. E essa atitude radica, em última análise, num profundo substrato metafísico, a VERDADE, ou então o seu contrário. Quem tem a consciência reta e sincera de estar na Verdade é profundamente alegre, calmo, feliz, embora externamente lhe aconteçam coisas que o entristeçam — e quem no íntimo da sua consciência, sabe que não está na Verdade é profundamente triste, ainda que externamente se distraia com toda a espécie de alegrias.

Quanto mais triste o homem é internamente, pela ausência de harmonia espiritual, tanto mais necessita ele de alegrias externas, geralmente ruidosas e violentas. Esse homem não tolera a solidão, que lhe traz consciência mais nítida da sua vacuidade ou desarmonia interior; por isso, evita quanto possível estar a sós consigo; procura companhia por toda a parte, e, quando não a pode ter em forma de pessoas, canaliza para dentro da sua insuportável solidão parte dos ruídos da rua, por meio do jornal, do rádio, da televisão. Alguns vão mais longe e recorrem a entorpecentes — maconha, cocaína, morfina, etc. — para camuflarem, por algum tempo, a sensação da sua triste solidão.

Quem teme a concentração necessita de toda a espécie de distrações para poder suportar a si mesmo. E, como essas distrações e prazeres, pouco a pouco, calejam a sensibilidade, necessita esse homem intensificar progressivamente os seus estimulantes artificiais para que ainda produzam efeito sobre seus nervos cada vez mais embotados. Por fim, nem já os mais violentos estimulantes lhe causam mossa — e então esse homem chega, não raro, a tal grau de tristeza, no meio de suas "alegrias", que põe termo à sua tragédia por meio do suicídio. Outros acabam no manicômio. É que nenhum homem pode viver sem uma certa dose de alegria.

Enquanto o homem não descobrir a bela tristeza da vida espiritual, tem de iludir a sua fome e sede de felicidade com essas horrorosas alegrias da vida material. Essas alegrias externas, porém, têm sobre ele o efeito da água do mar, que tanto maior sede dá quanto mais dela se bebe.

* * *

Mas, quando o homem acerta em descobrir a bela tristeza da vida com Deus, renuncia espontaneamente a essas horrorosas alegrias da vida sem Deus, ou então satura de espiritualidade todas as suas materialidades, transformando em oásis de vida abundante o seu velho deserto morto.

E então compreende ele o que o divino Mestre quis dizer com as palavras "não dou a minha paz assim como o mundo a dá". O que o mundo dá não é paz real, é apenas uma trégua artificial, espécie de armistício temporário e precário entre duas guerras, ou melhor, num campo de batalha de guerra permanente. A paz do Cristo, porém, é uma paz profunda e sólida, porque é nascida da Verdade que liberta.

O homem cuja felicidade nasceu da verdade é calmo e sereno em todas as vicissitudes da vida, porque sabe que não precisaria mudar de direção fundamental se a morte o surpreendesse nesse instante. Perguntaram ao jovem estudante João Berchmans, que estava jogando bola, o que faria se soubesse que, daí a cinco minutos, tivesse de morrer; respondeu calmamente: "Continuaria a jogar". Assim só pode falar quem tem plena certeza de que está no caminho certo, em linha reta ao seu destino, embora distante da meta final.

Ora, esse caminho não pode deixar de ser estreito e árduo, uma espécie de tristeza, como é toda a disciplina; mas no fundo dessa tristeza externa dormita uma grande alegria interior. É, todavia, uma alegria anônima, silenciosa, imponderável, como costumam ser os grandes abismos e as grandes alturas. Aos olhos dos profanos, leva o homem espiritual uma vida tristonha e descolorida; o seu ambiente parece monótono e cor de cinza como um vasto deserto. E talvez não seja possível dar ao profano uma ideia da profunda alegria e felicidade que o homem espiritual goza, porque esta felicidade jaz numa outra dimensão, totalmente ignorada pelo profano. O homem habituado a certo grau de espiritualidade tem uma imensa vantagem sobre o homem não espiritual; não necessita de estímulos violentos para sentir alegria, porque a sua alegria não vem de fora, e sim de dentro. Basta-lhe uma florzinha à beira da estrada; basta o sorriso de uma criança a caminho da escola; basta o tanger de um sino ao longe; basta o cintilar de uma estrela através da escuridão — tudo enche de alegria, suave e pura, a alma desse homem, porque ela está afinada pelas vibrações delicadas que vêm das luminosas alturas de Deus. E as fontes da sua alegria brotam por toda a parte; nem é necessário que saia de casa para encontrar motivos de alegria, porque a sua alegria é de qualidade, que não está sujeita às categorias de tempo e espaço, como as alegrias ruidosas e grosseiras dos profanos. Um único grau de alegria-qualidade dá maior felicidade do que cem graus de alegria-quantidade.

Por isso, a vida do homem espiritual é uma bela tristeza, ao passo que a vida do homem profano é uma pavorosa alegria. Mas o homem espiritual prefere a sua bela tristeza à pavorosa alegria do profano, que ele compreende perfeitamente, porque também ele já passou por esse estágio infeliz — ao passo que o profano não compreende a felicidade anônima do iniciado, porque nunca passou por essa experiência.

* * *

O homem espiritual da bela tristeza é proclamado "bem-aventurado", e tem a certeza de ser consolado. Um dia, a sua bela tristeza de hoje se converterá numa jubilosa alegria de amanhã. E isso pode acontecer mesmo antes de ele morrer fisicamente. Quando plenamente realizado no Cristo, pode dizer como este, em vésperas de sua morte: "Dou-vos a paz, deixo-vos a minha paz para que minha alegria esteja em vós e seja perfeita a vossa alegria". Pode dizer também com um dos homens mais cristificados que a humanidade conhece: "Transborde de júbilo em todas as minhas tribulações".

Para a maior parte dos homens, a vida presente não é ainda uma Páscoa em toda a sua plenitude; é antes um sábado de soledade, misto de alegria e tristeza, de gozo e sofrimento, de sorrisos e de lágrimas, espécie de luminoso arco-íris sobre as águas escuras de um dilúvio.

Mas, nesse misto de luz e de trevas, há um quê de inefável poesia, porque toda a poesia profunda e real é polarizada de suavidade e amargura, de alegria e sofrimento, de certeza e incerteza, devido às condições da vida presente. O certo é que nenhum homem espiritual estaria disposto a trocar sua silenciosa felicidade pelas ruidosas alegrias dos profanos.

Geralmente, os homens mais felizes são ignorados pela humanidade que escreve e lê livros e jornais, que fala do alto dos púlpitos e das tribunas, que perde tempo com rádio e televisão ou procura salvar o gênero humano pela política. Os milionários da felicidade são, quase sempre, os grandes anônimos da história, os "não existentes". Os poucos homens que aparecem em público são raras exceções da regra. O grande exército dos "bem-aventurados" não aparece em catálogos e cadastros estatísticos. São os irmãos anônimos da "fraternidade branca" que estão presentes em toda a parte onde haja serviços a prestar, mas ninguém lhes percebe a presença, porque sempre desaparecem por detrás das suas obras. Os muitos e os ruidosos que se servem das suas obras como de fogo de artifício e deslumbramento pirotécnico para iluminar a sua personalidade não fazem parte da "fraternidade branca", porque não se eclipsaram no anonimato da benevolência universal.

Os verdadeiros redentores da humanidade são tão felizes no cumprimento da sua missão que nunca esperam pelos aplausos das plateias, mas desaparecem por detrás dos bastidores do esquecimento, no mesmo tempo em que terminam a sua tarefa. São igualmente indiferentes a vivas como a vaias, a aplausos como a apupos, a louvores como a vitupérios, porque eles vivem no mundo da silenciosa e profunda verticalidade invisível, incompreendidos pelos habitantes da ruidosa horizontalidade visível.

"Bem-aventurados os que estão tristes — porque eles serão consolados."

❖

"Bem-aventurados os que sofrem perseguição por causa da justiça"

"Justiça", como já dissemos, significa a atitude justa e reta do homem para com Deus. O homem "justo", nos livros sacros, é o homem santo, o homem crístico, o homem que realizou em alto grau o seu Eu divino pela experiência mística manifestada na ética. O homem "justo" é o homem que se guia, invariavelmente, pelos dois grandes mandamentos, o amor de Deus e a caridade do próximo.

Mas, será possível que alguém sofra perseguição por causa dessa justiça, por causa da sua santidade?

O Evangelho de Jesus está repleto de afirmações dessa natureza, e a experiência multissecular o confirma. "Por causa do meu nome sereis odiados de todos, e chegará a hora em que todo aquele que vos matar julgará prestar um serviço a Deus. "Arrastar-vos-ão perante reis e governadores e sinagogas; mas não vos perturbais! Porque o servo não está acima de seu senhor; se a mim me perseguiram também vos hão de perseguir a vós. "Os inimigos do homem são os seus companheiros de casa."

Estamos habituados a pensar e a dizer que esses perseguidores dos justos são homens maus, perversos, de má-fé; e, de fato, assim acontece muitas vezes. Entretanto, as mais cruéis perseguições que a história humana conhece foram perpetradas por homens sinceros e subjetivamente bons, em nome da verdade e do bem, em nome de Deus e do Cristo. Sobretudo as igrejas e sociedades religiosas organizadas têm empreendido, e empreendem ainda, cruzadas e "guerras santas", trucidando infiéis, queimando hereges, torturando homens de elevada espiritualidade, excomungando como apóstatas e perversos muitos dos homens mais puros e santos que o mundo conhece. A maior parte desses perseguidores não tem má intenção nem consciência pecadora; agem por um sentimento de dever.

Há duas razões fundamentais por que o homem justo é perseguido por outros homens individuais ou por sociedades humanas.

1 — Um indivíduo persegue outro indivíduo não só porque este seja mau, mas também pelo fato de ser bom.

Por quê?

Porque o homem justo aparece como elemento hostil a outro homem menos justo. A simples presença de um homem mais santo do que eu é, para mim, uma declaração de guerra, ou, pelo menos, uma permanente ofensa. O homem espiritual, pelo simples fato de existir, diz silenciosamente a outros: "Vós devíeis ser como eu, mas não sois, e isso é culpa vossa". Nenhum homem espiritual, é claro, diz isto; mas os profanos interpretam deste modo a presença do homem justo, e atribuem a este a ingrata censura.

Ora, ninguém tolera por largo tempo a consciência da sua inferioridade. Enquanto não aparece outro homem de elevada espiritualidade, pode o homem menos espiritual viver tranquilo na sua inferioridade, porque esta não é nitidamente percebida senão quando polarizada pelo contrário ou por uma espiritualidade superior. Quando o homem pouco espiritual encontra outro ainda menos espiritual, sente-se ele relativamente seguro do seu plano, e tem mesmo a tendência instintiva de fechar os olhos para as virtudes do outro a fim de poder brilhar mais intensamente ele só, como aquele fariseu no templo em face do publicano. É que o homem profano mede o seu valor pelo relativo desvalor dos outros. Quando então a sua luz é, ou parece ser, mais forte que as luzes dos outros, o homem profano ou de escassa espiritualidade experimenta um senso de segurança e tranquilidade; não tem remorsos da sua pouca espiritualidade nem se julga obrigado a um esforço especial para subir. Entre cegos, diz o provérbio, quem tem um olho é rei.

Mas ai desse homem complacentemente satisfeito consigo mesmo se lhe aparecer alguém de maior espiritualidade! Logo começa ele a sentir-se inseguro e inquieto. Em face dessa inquietação, duas atitudes seriam possíveis: a) o vivo desejo de ser tão espiritual como o outro e o esforço correspondente a esse desejo; b) uma atitude de despeito e agressividade.

A primeira atitude é a dos homens humildes e sinceros; a segunda é a dos homens orgulhosos e insinceros consigo mesmos. Os primeiros se tornam discípulos do homem espiritual, os últimos se tornam seus adversários.

É doloroso para um pigmeu ver-se eclipsado por um gigante.

É desagradável para um impuro ter a seu lado um homem puro.

Se o pigmeu não sente em si a capacidade de crescer; se o impuro não dispõe da força de se tornar puro, declarará guerra ao gigante e ao puro.

Essa guerra nem sempre se desenrola no plano físico; muitas vezes se trava no campo moral: o homem menos espiritual descobre no mais espiritual numerosas manchas, e, esquecido da muita luz que ele irradia, só enxerga o despeitado os pontos escuros que encontra no sol — e acha que não convém tomar banho de sol, porque há tantas e tão grandes manchas no globo solar.

* * *

2 — No terreno social das organizações eclesiásticas acresce ao primeiro outro fator, aparentemente mais justificável: o homem altamente espiritualizado é sempre uma espécie de exceção à regra, é um pioneiro que abandonou as velhas estradas conhecidas e batidas pela turbamulta dos crentes e rasga caminhos novos, "por mares nunca dantes navegados", por ignotas florestas, por ínvios desertos que poucos conhecem. Esse homem ultrapassa, quase sempre, os caminhos tradicionais do passado, e até do presente, e abre novas rotas para o futuro. Toda e qualquer inovação, por mais verdadeira, é, no princípio, considerada como erro, e até como perigo social.

Ora, é sabido que, no mundo espiritual, todo homem se sente grandemente inseguro, porque esse mundo lhe é desconhecido, como tudo que apenas se crê, sem dele ter experiência imediata. Nenhum crente sabe o que é o reino de Deus, assim como um cego de nascença não sabe o que é a luz, o que são cores, embora tenha decorado as mais verdadeiras teorias sobre esses assuntos. A única coisa que dá certa segurança ao homem inexperiente é o fato de que milhares e milhões de outros homens trilham esses mesmos caminhos, já por séculos e milênios, e muitos deles são bons e relativamente felizes.

De maneira que o fator "massa" e o fator "tradição" nos dão uma espécie de segurança e firmeza, no meio da insegurança e incerteza que, naturalmente, experimentamos por entre as trevas ou penumbras da vida espiritual. E isto nos fez bem.

Quando então aparece um homem que parece não necessitar desses elementos de segurança garantidos pela massa e tradição, dá-se uma espécie de terremoto que abala as instituições antigas. E os que ainda necessitam dos elementos massa e tradição começam a afastar-se desse revolucionário iconoclaste, a fim de não perderem o seu senso de segurança. Mesmo na hipótese de que esse iconoclaste possua verdadeira segurança interior, graças à sua experiência direta, essa segurança não é transferível aos outros, e assim é compreensível que estes, não tendo a mesma experiência, prefiram apegar-se firmemente às tradições antigas que a massa professa.

E o arrojado bandeirante do Infinito fica só, ou fez parte duma pequenina elite, que não representa 1% da humanidade. Em caso algum pode esse homem apelar para uma longe tradição no passado; nunca houve grande massa de homens espirituais que fizesse tradição estratificada, e os poucos que houve ou há são praticamente desconhecidos da parte da humanidade-massa, que decide pela tradição.

Por isso, as sociedades religiosas organizadas, que contam sempre com o fator massa e tradição, dão grito de alerta e de alarme, e previnem seus filhos contra o perigoso inovador, o herege, o demolidor, o apóstata. Quando as sociedades religiosas possuem suficiente poder físico, eliminam do número dos vivos o perigoso demolidor dessas tradições, e isto "pela maior glória de Deus e salvação das almas". Quando não possuem esse poder, procuram neutralizar a ação do herege matando-o moralmente, isolando-o por meio de campanhas sistemáticas de difamação e calúnia. E como, segundo eles, o fim justifica os meios, e como o fim é (ou parece ser) bom, todos os meios são considerados lícitos e bons, mesmo os maiores atentados à verdade, à justiça, à caridade.

Donde se segue que o homem espiritual vive numa relativa solidão. A massa não simpatiza com ele; se não lhe é positivamente antipático, mantém pelo menos uma atitude de apatia e desconfiança em face dele.

Para o homem espiritual, porém, o fator "massa" é sobejamente compensado pelo fator "elite", ou mesmo pelo simples testemunho da sua consciência em plena solidão.

Existe, aqui na terra, e por toda a parte, a "comunhão dos santos", isto é, a misteriosa união de todos os que conhecem e amam a Deus, a fraternidade branca dos irmãos anônimos formada pelos solitários pioneiros do Infinito. E eles sabem que é profundamente verdadeiro o que o grande Mestre disse: "Onde dois ou três estiverem reunidos em meu nome, ali estou eu no meio deles".

Dois ou três — porque nunca serão muitos, no mesmo lugar e tempo, os homens cristificados. E mesmo que sejam mais, nunca deixará de imperar a misteriosa lei da polaridade ou da trindade; dentro dum grupo maior haverá sempre essa constelação interna de dois ou três. A grande experiência crística circulará sempre entre dois ou três, e só mediante essa pequena constelação é que ela se comunicará ao resto do céu estrelado e às galáxias do universo espiritual.

No tempo de Jesus eram Pedro, Tiago e João essa tríade espiritual, que presenciaram o Mestre no seu sofrimento e na sua glória. O total dos discípulos era doze, quatro vezes três; e, quando um deles falhou, se apressaram os restantes onze a preencher a lacuna; mas quem designou o substituto de Iscariotes não foram eles, mas foi o "espírito santo", como referem os livros sacros. Nenhum homem podia restabelecer o número sagrado quatro vezes três; só o espírito de Deus. O homem, quando canal puro e veículo idôneo, serve de intermediário para canalizar as águas vivas que jorram para a vida eterna.

Já o grande Pitágoras sabia que três é o número da sacralidade vertical, e que quatro é o número das realizações horizontais. O número três é a mística do primeiro mandamento; quatro é a ética do segundo mandamento.

O homem justo é perseguido por causa da sua espiritualidade, tanto pelos indivíduos menos espirituais como também pelas sociedades organizadas que necessitam de massa e tradição para sua sobrevivência; mas, apesar de tudo, ele vive num ambiente de paz e felicidade, porque está na "comunhão dos santos".

"Bem-aventurado... dele é o reino dos céus."

O reino dos céus, porém, "está dentro de vós"...

❖

"Vós sois a luz do mundo"

É constante, em todos os livros sacros da humanidade, a afirmação de que Deus é luz. Antigamente, essa comparação parecia ser apenas um arroubo poético, e não uma verdade filosófica; porquanto é sabido que a luz enche de vida, beleza e alegria o universo inteiro.

Hoje, porém, na alvorada da Era Atômica, entrou essa verdade numa nova fase de significação; ultrapassou as fronteiras da beleza poética e invadiu os domínios da ciência física e da verdade metafísica.

Sabemos, em nossos dias, que a luz cósmica, não focalizada — o "c" da conhecida fórmula einsteiniana, $E = mc^2$ —, é a base e, por assim dizer, a matéria-prima de todas as coisas do mundo material e astral. Os 92 elementos da química, desde o mais simples ou H (hidrogênio) até o mais complexo ou U (urânio), são filhos da luz invisível, a qual quando condensada em diversos graus produz os elementos, e destes são feitas todas as coisas do mundo.

Quer dizer que, no plano físico, a luz é a causa e origem de todas as matérias e forças do Universo.

Ora, o que a luz é no plano físico, isto é Deus na ordem metafísica ou espiritual do cosmos. A luz física é o grande símbolo desse simbolizado metafísico.

Deus, segundo Aristóteles, é *actus purus* (pura atividade); nele não há passividade, ou, no dizer de João Evangelista, "Deus é luz, e nele não há trevas".

Ora, afirma o divino Mestre que ele é a luz do mundo, e que também seus discípulos são a luz do mundo — quer dizer que a essência de Deus está nele e neles.

A luz é a única coisa incapaz de ser contaminada, porque a sua vibração é máxima, que não é afetada por nenhuma vibração inferior.

Todas as coisas do mundo são lucigênitas, e sua íntima essência é luz ou lucidez. E tanto mais incontaminável é uma coisa quanto mais lúcida.

A afirmação de que os discípulos do Cristo são luz, a mesma luz divina do Cristo, é um veemente convite, quase um desafio, para a completa lucificação da existência humana pela essência divina. A mente do homem é como um invólucro semitranslúcido, e o corpo um invólucro totalmente opaco; no interior desses invólucros, porém, está a luz integral da divindade, que se individualizou no homem como seu Eu central.

Toda a tarefa da espiritualização do homem consiste em que ele faça a sua existência humana tão pura e luminosa como a sua essência divina — que essencialize toda a sua existência.

A lucidez ou luminosidade consiste na intensidade da nossa consciência divina. No plano da ideologia dualista, em que se move quase toda a teologia e filosofia do Ocidente cristão, é difícil o homem convencer-se definitivamente de que a íntima essência do seu próprio ser seja idêntica à essência divina.

A verdade, porém, é esta: o homem não está separado de Deus, como não é idêntico a Deus, mas é distinto de Deus. Esse "ser distinto" é, por assim dizer, equidistante do "ser separado" e do "ser idêntico", equidistante do dualismo transcendentista e do panteísmo imanentista. Esse "ser distinto" de Deus, baseado no "ser idêntico" pela essência e no "ser diferente" pela existência, faculta ao homem a divinização da sua vida, sem o levar ao absurdo da deificação, garantindo-lhe assim a responsabilidade ética dos seus atos conscientes e livres. Se o homem é moralmente bom, virtuoso, não é Deus que é bom nele, mas ele mesmo; se o homem é moralmente mau, pecador, não é Deus que é mau nele, mas é o homem. Quem pratica virtude ou comete pecado é o homem existencial, e não o homem essencial, é o elemento humano nele e não o elemento divino.

* * *

Diz, pois, o divino Mestre: "Vós sois a luz do mundo... Não pode permanecer oculta uma cidade edificada sobre um monte; nem se acende uma lâmpada e se põe debaixo do alqueire, mas sim sobre o candelabro, para que alumie a todos os que estão na casa. Assim brilhe a vossa luz perante os homens para que vejam as vossas boas obras — e glorifiquem a vosso Pai que está nos céus".

O homem realmente cristificado não deve ocultar-se debaixo do alqueire do anonimato, mas brilhar no candelabro da mais larga publicidade — deve ser até como uma cidade ou um farol no alto de um monte, para que o mundo inteiro veja os fulgores dessa luz e por ela oriente a sua vida.

A comparação, tanto com o candelabro como com o monte, diz visibilidade, publicidade, porque o arauto do reino de Deus não é um "ocultista", mas sim um emissário da luz cósmica, ele mesmo é a "luz do mundo", que é expansiva por sua própria natureza.

É opinião assaz comum entre os inexperientes que o homem espiritual deva evitar a publicidade e procurar o mais possível a obscuridade da solidão e do anonimato, a fim de não perder a sua sacralidade e cair vítima da profanidade. E, de fato, essa solidão e esse anonimato são necessários, embora num sentido diferente daquele que os profanos supõem.

O ego físico-mental do homem comum deve desaparecer no anonimato, e o seu Eu divino deve viver em profunda solidão. O homem espiritual deve ser profundamente solitário com Deus, para que possa ser vastamente solidário com todas as criaturas de Deus: assim não há perigo de profanação.

Ai daquele que perder a sua silenciosa sacralidade em Deus! De nada lhe servirá a sua ruidosa sociabilidade com os homens e o mundo. A profana sociedade tem de ser fecundada pela mística sacralidade para que resulte em fecunda solidariedade.

Em suas relações com Deus é todo homem profundamente só e solitário; ninguém o pode acompanhar a essas alturas e profundezas, envoltas em eterno silêncio. Ninguém poderá saber jamais o que se passou entre a alma e Deus, nas silenciosas alturas do Himalaia ou na taciturna vastidão do Saara onde se dá esse encontro entre Deus e a alma humana. A experiência mística se dá para além das barreiras do tempo e do espaço, no anonimato do "terceiro céu", e por isso é essencialmente intransferível e incomunicável; o que é dito à alma, nessa luminosa escuridão, são "ditos indizíveis".

Essa solidão vertical é necessária e não pode jamais ser substituída pela sociedade horizontal. Esse santuário íntimo do homem é indevassável; nem as relações mais íntimas, de pai a filho, de mãe e filha, de esposo a esposa, de amigo a amigo, podem desvendar esse mistério. Onde não existe e persiste essa solidão cósmica, esse profundo silêncio metafísico, esse indevassável anonimato místico entre a alma e Deus, toda a publicidade é um perigo e uma profanação, é uma apostasia e uma infidelidade cometida contra a sacralidade do Eu divino. O homem que não possua suficiente fidelidade a seu Eu divino não deve arriscar-se à publicidade; não deve colocar-se no alto do candelabro ou no cume do monte; é preferível que fique debaixo do alqueire ou no fundo do vale, onde não há perigo de quedas catastróficas. Quanto mais alto o homem está, mais profundamente poderá cair, se essa altura lhe der vertigens.

O perigo da vertigem vem da ilusão de que essa sublime posição seja obra do seu ego pessoal, vem do erro fatal de que a pessoa humana tenha criado essa glória no alto do candelabro ou no cume do monte.

Duas vezes, diz um grande iniciado oriental, Brahman se sorri do homem, da primeira vez quando o homem afirma: "Eu faço isto, eu faço aquilo", e da segunda vez quando o homem diz: "Eu vou morrer".

Ambas as vezes o homem confunde o seu verdadeiro Eu com o seu pseudoeu. Quando o homem pensa que é ele — seu ego pessoal — que fez isto ou aquilo, e não o "pai dos céus" — o seu Eu divino; quando o homem pensa que o seu eterno e imortal Eu divino vai morrer — então se revela totalmente analfabeto no conhecimento de si mesmo.

Onde há ilusão há possibilidade de queda. Só quando a totalidade da ilusão cedeu à totalidade da verdade é que há segurança absoluta.

Tem-se dito que a experiência mística torna o homem orgulhoso e desprezador de seus semelhantes, os "profanos" lá embaixo. Quem assim pensa e fala não sabe o que quer dizer experiência mística. Esse orgulho é possível no caso da pseudomística, quando o homem atribui a sua espiritualidade ao mérito de seu ego pessoal, ignorando que "todo o dom perfeito vem de cima, do Pai das luzes", e que a iluminação espiritual é obra da graça divina. Mas, ninguém pode orgulhar-se daquilo que é de Deus, só se pode envaidecer de algo que seja do seu ego.

Um jovem ocultista britânico perguntou a um grande místico da Índia se achava que ele, o ocultista, poderia, um dia, chegar a fazer as "obras de poder", chamadas "milagres", que Jesus fazia; ao que o iniciado lhe respondeu calmamente: "Pode, sim, contanto que você não creia que é você que faz essas obras".

Quem atribui a seu pequeno ego humano qualquer obra espiritual está no erro; o erro gera o orgulho, e o orgulho prepara a queda. Mas quem compreendeu definitivamente que nenhum efeito espiritual pode provir de uma causa material ou mental, esse está na verdade, e a verdade o libertará de qualquer ilusão e perigo de queda.

Quando Jesus diz a seus discípulos que devem colocar a sua luz no candelabro ou no alto do monte, supõe ele que esses homens possam ultrapassar o estágio da ilusão sobre si mesmos e adquirir plena clareza e certeza sobre a causa real de todos os efeitos espirituais.

Nesse sentido, acrescenta ele: "assim brilhe a vossa luz perante os homens para que vejam as vossas boas obras e glorifiquem a vosso Pai que está nos céus" — que vejam os efeitos visíveis e glorifiquem a causa invisível. O ego humano, sendo apenas uma função do Eu divino, nada fez por si mesmo, assim como uma ferramenta não produz nada se não for usada pelo homem.

Não existe, no mundo físico, nenhum elemento incontaminável, exceto a luz. Todas as outras coisas aceitam impureza. Quando, por exemplo, lavamos com água pura um objeto impuro, a água se torna impura na mesma razão em que purifica o objeto impuro; não pode neutralizar senão apenas transferir para si as impurezas do outro. A água é sumamente contaminável, ou "vulnerável". Só a luz é incontaminável, invulnerável; pode penetrar em todas as impurezas do mundo sem se tornar impura.

É esta, sem dúvida, a mais pura glória do homem crístico, poder ser puro no meio dos impuros e das impurezas em derredor; purificar as impurezas sem se contaminar com essas impurezas. É o máximo de invulnerabilidade.

Essa invulnerabilidade interior é pureza, pureza de coração.

Essa pureza da invulnerabilidade nasce unicamente da experiência clara e nítida da verdadeira natureza humana, que é essencialmente divina, e, como Deus é puro e invulnerável, deve também a essência divina do homem participar dessa pureza e invulnerabilidade.

A impureza consiste na ilusão de que o pequeno ego humano realize coisas espirituais e possa produzir a redenção do homem, como pensava aquele ego luciférico que tentou ao Cristo, no deserto. Egoísmo é impureza, e tanto mais vulnerável é o homem quanto mais impuro, e tanto menos vulnerável quanto mais puro de coração.

Essa pureza do coração nasce do conhecimento da verdade, ao passo que a impureza nasce da ilusão.

Nenhum homem purificado pelo conhecimento da verdade sobre si mesmo se orgulha da sua espiritualidade, mas agradece humildemente a Deus essa dádiva, porque sabe que não foi ele, seu ego físico-mental, que produziu esse efeito, mas que foi a graça de Deus.

Nenhum homem purificado pelo conhecimento da verdade sobre si mesmo se sente ofendido por atos, palavras ou opiniões injustas dos outros, porque sabe que essas ofensas não atingem o seu verdadeiro Eu divino, senão apenas o seu falso eu humano. Sabe que nenhum mal que outros lhe fazem lhe faz mal, porque não o faz mau.

Se alguém ofende o paletó ou a blusa que visto, não me ofende a mim, porque eu não sou o paletó nem a blusa; isto é meu, mas não sou eu; é algo que eu tenho, mas não o que eu sou. Da mesma forma, quem ofende o ego da minha *persona* — que quer dizer "máscara" — não me ofende a mim, porque eu não sou essa máscara da personalidade. Eu sou a minha divina individualidade, que é absolutamente invulnerável pelo lado de fora, pelas adversidades da natureza ou pelas perversidades dos homens! Quem me pode ofender é só aquele que está do lado de dentro, isto é, o meu ego humano. Quem vulnera o Eu é o ego; quem peca contra a divina individualidade do Eu é a humana personalidade do ego — Lúcifer *versus* Lógos!

Esta luz divina que em mim está deve ser colocada no candelabro como uma lâmpada, no alto do monte como um farol. Quem é remido do seu falso eu pode ajudar outros para se redimirem também. Por isso, deve ele fazer brilhar a sua luz, porque essa luz é a luz de Deus que brilha através do homem, como através dum límpido cristal, no caso que o homem renuncie à opacidade do seu egoísmo e aceite a transparência do amor.

* * *

O homem profano é impuro no meio dos impuros. O homem místico é puro longe dos impuros.

O homem crístico é puro no meio dos impuros, assim como a luz é pura no meio das impurezas.

O impuro no meio dos impuros é, geralmente, ruidosamente social.

O puro longe dos impuros é silenciosamente solitário.

O puro no meio dos impuros é serenamente solidário.

Por via de regra, para que o homem possa ser serenamente solidário com toda a humanidade, solidamente crístico, é necessário que tenha passado pelo estágio da solidão silenciosa, profundamente mística, longe da sociedade dos impuros, ruidosamente profanos. É nesse período da mística solitária que o homem lança os alicerces inabaláveis para o seu edifício crístico de solidariedade universal.

Uma vez que o homem ultrapassou certa fronteira interna de experiência de Deus em si mesmo, está definitivamente imunizado contra as velhas enfermidades do homem profano — cobiça, luxúria, vanglória, egoísmo, desejo de aplausos e admiração, expectativa de resultados palpáveis, medo de castigo ou esperança de prêmio — de todas essas doenças convalesceu para sempre o homem que chegou ao conhecimento da verdade sobre si mesmo, seu verdadeiro Eu divino, e não mais corre perigo de recair nessas misérias, porque a verdade o libertou de toda a ilusão e escravidão. Ele é livre e puro como a luz.

Mas também é suave e benévolo como a luz solar, em pleno dia, e não violento e destruidor como a veemência de um raio em plena noite.

Só depois que o homem aprendeu por experiência íntima, no silencioso abismo da mística, o que é Deus e o que é ele mesmo, é que ele pode atrever-se a ser de todas as criaturas de Deus sem deixar de ser de Deus, pode andar por todos os mundos de Deus sem deixar de ser do Deus do mundo.

Ai do homem que quiser ser solidário com os homens antes de ser solitário com Deus!

Ai do homem que se derramar pelas ruidosas periferias das criaturas antes de estar firmemente alicerçado no silencioso centro do Creador!

Nenhum homem pode ser, por fora, de todas as criaturas de Deus sem que seja, por dentro, só de Deus.

Nenhum homem pode ser plenamente crístico sem que seja profundamente místico.

Só o contato direto com o Infinito é que torna o homem invulnerável no meio dos finitos.

E essa invulnerabilidade crística nada tem de lúgubre, de pessimista, de negativo, de triste — ela é toda leve e luminosa, amável e sorridente como sua irmã gêmea, no mundo físico, a luz, que é suavemente poderosa e poderosamente suave.

Pela mística solidão com Deus adquire a alma uma espécie de castidade, de intensa virgindade espiritual, que, depois, na crística solidariedade com os homens, se revela em fecunda maternidade, mãe de numerosos filhos de Deus. Essas núpcias espirituais da alma crística supõem a pura virgindade da alma mística.

No início de toda a vida nova está o sentimento natural do pudor. A vida é um mistério tão sagrado que a sua transmissão deve ser velada em profunda escuridão, oculta pelo véu invisível do pudor, tanto no plano biológico como no plano espiritual da humanidade. A experiência mística é uma concepção espiritual, que deve ser velada em mistério. O que se passa, na solidão anônima, entre uma alma e Deus nunca ninguém o saberá, nem deve saber; está envolto em impenetrável pudor; só as consequências desse encontro místico da alma com Deus é que podem ser reveladas, na vida diária do homem cristificado.

A vida do homem cósmico é pura como a luz, na sua solidão mística — e é fecunda como a luz, na sua solidariedade crística...

"Vós sois a luz do mundo..."

"Brilhe diante dos homens a vossa luz!..."

❖

"Contemplai os lírios do campo como crescem..."

Do meio da trepidante lufa-lufa dos esfalfantes cuidados do homem egoísta e sempre inquieto pelo dia de amanhã, chama o divino Mestre a atenção de seus discípulos para a serena quietude e beleza da natureza em derredor.

E sua profunda filosofia espiritual atinge as excelsitudes duma fascinante poesia mística.

"Contemplai as aves do céu! Não semeiam nem ceifam nem recolhem em celeiros — vosso Pai dos céus é que lhes dá de comer... Quem de vós pode, com todos os seus cuidados, prolongar a sua vida por um palmo sequer? Contemplai os lírios do campo como crescem! Não trabalham nem fiam, e, no entanto, digo-vos eu que nem Salomão, em toda a sua glória, se vestiu jamais como um deles. Se, pois, Deus veste assim a erva do campo, quanto mais a vós, homens de pouca fé. Buscai, pois, em primeiro lugar, o reino de Deus e sua justiça — e todas as outras coisas vos serão dadas de acréscimo!"

Existe uma profunda afinidade entre o homem espiritual e a natureza.

Entre o subconsciente deste e o superconsciente daquela.

A natureza está em perfeita harmonia com o Creador, embora essa harmonia seja automática, instintiva, por falta de um ego consciente. Ora, o que a natureza possui desde o início, por obra e mercê de Deus, isto pode e deve o homem conseguir por iniciativa própria, estabelecendo entre si e Deus uma paz e harmonia consciente ou superconsciente.

Para que, pois, todos esses cuidados supérfluos, engendrados pelo ego consciente do intelecto, da personalidade?

Quando o ego consciente se opôs ao Eu superconsciente — que

é o Deus oniconsciente no homem — a natureza subconsciente declarou guerra ao homem. E até hoje o homem profano está entre dois fogos, hostilizando o mundo divino acima dele e o mundo natural abaixo dele. Nem fará as pazes com este enquanto não fizer o tratado de paz com aquele.

Mas o homem espiritual, em harmonia com o Deus do mundo, entra na grande harmonia com o mundo de Deus. E então contemplará ele as aves do céu e os lírios do campo, arautos de Deus e veículos duma grande paz divina.

Enquanto o homem hostiliza a Deus é ele hostilizado pela natureza, que lhe nega até o necessário para a vida, e o homem tem de lutar a fim de ganhar o seu "pão, no suor do seu rosto", porque a terra se lhe cobriu de "espinhos e abrolhos". Quando, porém, o homem fizer as pazes definitivas com o Deus do mundo, então o mundo de Deus fará as pazes com o homem e lhe oferecerá, gratuitamente, tudo de que ele necessitar para uma vida dignamente humana.

"A vida é luta renhida,
Viver é lutar..."

Estas palavras do poeta são do homem ainda profano, que, de fato, tem de lutar duramente para poder viver, porque a sua vida está em permanente conflito com as fontes da subsistência, e, além disso, o seu ego personal deseja possuir o supérfluo, em vez de se contentar com o necessário e suficiente; porque não crê nos tesouros do reino de Deus, procura acumular enormes quantidades dos pseudotesouros deste mundo.

"Nem Salomão se vestiu jamais como um deles..."

Estava o Nazareno sentado à beira dum caminho, onde floriam numerosos lírios vermelhos como púrpura, muito comuns na Palestina, e o divino poeta cósmico, apontando para esse grupo de filhas gentis da Flora, fez ver a seus ouvintes que a inteligência humana, com toda a sua ciência e técnica, é incapaz de produzir um tecido tão perfeito e delicado como a inteligência divina produz, todos os dias, em grande quantidade, nos domínios da natureza, onde impera o espírito do Creador.

A pequena inteligência humana produz certos artefatos que, quando vistos a distância, parecem sofrivelmente belos; mas, quando examinados pela objetiva dum microscópio, se revelam grosseira obra de fancaria, sem arte nem delicadeza. Na natureza, porém, acontece precisamente o contrário: quanto mais poderoso for o microscópio, tanto mais estupenda se revela a perfeição de um tecido orgânico;

qualquer célula de planta, qualquer asa de mosquito, qualquer teia de aranha é uma obra de arte perfeitíssima nos seus menores detalhes que nenhuma inteligência humana jamais conseguirá produzir algo semelhante.

É que na natureza subconsciente opera diretamente a grande Inteligência Cósmica da Divindade, ao passo que no consciente humano opera apenas a pequena inteligência telúrica.

A natureza, reflexo direto do espírito divino, não revela vestígio de cuidados, de afobação, de nervosismo; não visa determinados resultados, mas procura realizar com a máxima perfeição cada uma das suas obras, sem se interessar pelas consequências, sem esperar louvores nem recear censuras. Em nossas selvas tropicais desabrocham, cada dia, milhões e miríades de flores, prodígios de formas e cores — e morrem pouco depois, para serem substituídas por outras maravilhas, sempre novas e louçãs, ao longo de milhões de séculos e milênios.

Quem é que as vê? Quem as admira? Quem as aplaude?

Ninguém!

As maravilhas da natureza não nascem para serem elogiadas; não são belas para serem vistas — mas por causa da própria beleza. Toda a sua razão de ser é intrínseca, não tem finalidade extrínseca.

Se os lírios das nossas várzeas e as orquídeas das nossas vitrinas pudessem ouvir certas banalidades estéticas que algum admirador humano profira diante deles, sentir-se-iam ofendidos e revoltados...

Como se eles fossem belos para serem admirados!

Como se eles se revestissem de louçanias por algum motivo externo, diferente dessa própria louçania!

Quando o homem produz alguma obra de arte, ou uma peça de mobília, essa obra é, em geral, sofrivelmente acabada nas faces visíveis ao observador, mas na face invisível — como num armário encostado na parede — há sarrafos brutos, porque o móvel é destinado a ser visto...

As filhas da natureza, porém, ignoram semelhante camuflagem e hipocrisia; são integralmente perfeitas e belas, pela frente e por detrás, à direita e à esquerda, em cima e embaixo, por fora e por dentro, no visível e no invisível, no conjunto harmônico de formas e cores e em cada um dos seus mais pequeninos pormenores, em cada célula, molécula e átomo...

Quando o homem ultrapassa a zona da sua inteligência egoísta e interesseira e entra no universo do seu espírito cósmico e desinteressado, então realiza ele, conscientemente, o que a natureza fez inconscientemente.

Não necessita de rótulos externos e elogios de terceiros quem traz dentro de si mesmo a suprema apologia dos seus atos.

Não espera louvores nem teme censuras quem de elogios e vitupérios não tem mister...

O testemunho da consciência pura e desinteressada é suficiente para o homem crístico, que realiza, com amor e entusiasmo, as tarefas que tem de realizar sem esperar por resultados palpáveis...

Contemplai as aves do céu...

Contemplai os lírios do campo...

Buscai, em primeiro lugar, o reino de Deus...

* * *

Estranhas parecem a muitos as palavras "e todas as outras coisas vos serão dadas de acréscimo".

Essas "outras coisas" são as coisas necessárias para a vida material.

O homem profano tem de dar caça incessante a essas "outras coisas", lutar por elas, dia e noite — por quê?

Porque não buscou ainda, devidamente, o reino de Deus e sua verdade.

Vigora, entre o homem profano e a natureza, uma espécie de "magnetismo de repulsão"; mas, entre o homem espiritual e a natureza, há um "magnetismo de atração". Quanto mais o homem profano se esforça para se apoderar das coisas do mundo objetivo, tanto mais essas coisas fogem dele, repelidas por um polo invisível nele existente; não adianta redobrar de esforços, porque, com esse redobramento, redobra também o magnetismo repulsivo, e o homem ambicioso tem de aumentar as suas lutas numa progressão geométrica, para arrancar à natureza rebelde mais algum dos cobiçados farrapos. O remédio está em mudar o "prefixo", em desistir da desenfreada lufa-lufa das coisas externas e devotar-se totalmente à realização das coisas internas, que o divino Mestre chama "o reino de Deus e sua justiça" — e o homem verá, com jubilosa surpresa, que, depois de mudado o "prefixo" de atitude interesseira para a atitude desinteressada, todas aquelas coisas que antes fugiam começam a correr atrás dele. É que o misterioso teotropismo de todas as coisas adivinha no homem espiritual um "irmão mais velho" e um guia seguro para o centro comum, origem e fim de todas as creaturas, e querem com ele chegar a Deus. A antipatia de ontem se transformou na simpatia de hoje.

Esse homem não necessita mais lutar pelas coisas necessárias, porque a natureza, amiga e aliada, lhe abre o tesouro das suas forças secretas e lhe fornece, espontânea e jubilosamente, todas as coisas de que ele tem mister, a fim de poder dedicar o melhor do seu tempo e das suas energias à causa magna do reino de Deus e sua justiça.

E, pela primeira vez, verifica o homem que o Evangelho de Jesus Cristo não é apenas um caminho seguro para o reino de Deus que não é deste mundo, mas também uma norma segura para a obtenção de todas as outras coisas necessárias para uma vida dignamente humana aqui na terra.

❖

"Vós sois o sal da terra..."

O sal, como é sabido, tem diversas aplicações na vida humana. Serve para preservar da corrupção as substâncias alimentícias; serve também para dar sabor aos alimentos; com um pouco de sal, a comida se torna saborosa, com muito sal se torna intragável. Há pessoas que, por excesso de espiritualidade, tornam a vida espiritual antipática e impossível; se a sua atuação fosse mais comedida, tornariam a vida agradável e saborosa.

"Mas, se o sal se desvirtuar? — prossegue o divino Mestre —, com que se há de restituir-lhe a virtude? Não serve mais para nada; é lançado fora e pisado aos pés pela gente."

Aqui temos um paralelo entre o símbolo do sal material e o simbolizado do sal espiritual. Afirma o Mestre que seus discípulos devem ser no mundo espiritual o que o sal é no mundo material: fatores de preservação moral e de sabor espiritual.

Mas, como ninguém dá o que não tem, e ninguém tem realmente senão aquilo que ele é, segue-se que o discípulo do Cristo deve ser, firme e abundantemente, aquilo que quer dar aos outros. A importância do ser é decisiva para o *fazer* e o *dizer*.

Verdade é que os insipientes entendem que o efeito dos seus trabalhos depende daquilo que eles fazem e dizem — dos recursos materiais que põem numa obra, do prestígio político e social que os bafeja, da facúndia com que sabem falar, da erudição ou dos diplomas que possam ostentar, etc.

É absolutamente impossível fazer prosperar, em caráter real e definitivo, algum empreendimento espiritual que esteja baseado em qualquer espécie de egoísmo ou desonestidade, mesmo que esse egoísmo navegue sob a bandeira do altruísmo. Existe uma Constituição Cósmica que tudo rege e governa, quer o homem saiba, quer ignore esse fato. E essa Constituição é uma força onipresente, onipotente e onisciente; diante dela nada é secreto nem oculto. Por mais jeitosamente que o homem oculte o seu secreto egoísmo, a sua autocomplacência e vanglória, os seus interesses e suas ambições — é inútil! Aos olhos da lei eterna tudo é manifesto, e ela não coopera com nenhuma espécie de egoísmo. A sapiência divina do Universo favorece tudo que sintoniza com ela, e desfavorece tudo que está em conflito com ela.

Se o íntimo "ser" do homem não é puro, sincero, divino, crístico, nenhum recurso externo pode garantir a permanente prosperidade das suas obras. É claro que pode haver vitórias iniciais, triunfos aparentes, prosperidade de fogo de palha, como o dinheiro e a política podem garantir; mas é matematicamente certo que não haverá durabilidade e solidez nesse empreendimento; se assim não fosse, as próprias leis eternas pactuariam com a fraude, as mentiras e deslealdades — e o cosmos cometeria suicídio, acabando em caos.

Pode o homem enganar a todos e a seu próprio ego — jamais poderá enganar a onisciência das leis cósmicas, que são o próprio espírito de Deus.

Por isso, é suprema sapiência sintonizar o seu querer individual com o querer universal — e é insipiência fazer o contrário.

Ser bom é, em última análise, o único modo certo para fazer bem.

Ser sal incorrupto é o único meio para preservar os outros da corrupção.

Saborear intimamente as coisas espirituais é o caminho único para tornar saborosa a espiritualidade, para si e para os outros...

"Vós sois o sal da terra... Mas, se o sal se desvirtuar..."

❖

"Não jureis de forma alguma!"

"Seja o vosso modo de falar um simples sim, um simples não — o que passa daí vem do mal."
Quão profunda sabedoria em tão poucas palavras!
Aprendi no Catecismo que não se deve jurar falso nem em vão; mas que o juramento sério e verdadeiro é bom e pode até ser necessário. Tenho em meu poder uma *Bíblia*, publicada com a devida aprovação eclesiástica, que, depois das palavras "não jureis de forma alguma", acrescenta em parênteses as seguintes palavras restritivas do tradutor: "se não for necessário", inutilizando assim a proibição categórica do Cristo e adulterando o Evangelho pela teologia.

Tudo que passa dum simples sim e dum simples não vem do mal, inclusive o juramento, tanto falso como verdadeiro, porque ele nunca é necessário. Em última análise, todo e qualquer juramento provém do mal, porque supõe algo mau. O juramento foi introduzido na vida social da humanidade por causa da desconfiança e inconfidência que, em geral, reinam entre os homens. Uns mentem aos outros. E, quando alguém fala verdade, ninguém acredita, de tão geral que é o hábito de mentir. Por isso, no intuito de corroborar a verdade duma afirmação, exigem os homens que ela seja consolidada por meio dum juramento. Quem jura invoca a Deus por testemunha, da verdade do que afirma, e, se a sua afirmação não representa a verdade, mas uma inverdade consciente, então invoca a Deus como testemunha da mentira, o que é uma blasfêmia, chamada "perjúrio".

É verdade que o juramento oferece maior garantia da verdade do que um simples sim ou não?

Absolutamente não!

Quem é capaz de mentir é capaz também de jurar falso. E quem não pode confiar numa afirmação simples como expressão da verdade, esse também não pode confiar numa afirmação juramentada.

O divino Mestre não está interessado em curar sintomas de doença, mas sim a própria doença. A praxe de jurar é sintoma de um mal profundo, que é o hábito de desrespeitar a verdade. Quem reprime sintomas é charlatão — quem cura a raiz do mal é médico.

O caráter do Evangelho não é simplesmente corretivo, mas sim preventivo. Se a humanidade se habituasse a nunca mentir, nunca ninguém sentiria a necessidade de jurar, porque um simples sim ou um simples não dariam certeza absoluta.

O comerciante mente sobre o valor e os preços das mercadorias a fim de acumular matéria morta.

A dona da casa manda a empregada mentir que a patroa não está em casa, para não receber visitas indesejáveis.

O político, o advogado, o diplomata mentem para prestigiar ou desprestigiar uma causa ou uma pessoa.

O estudante mente "colando" uma prova do vizinho em vez de estudar o assunto.

Até a criança mente para não receber castigo.

Omnis homo mendax — afirma a Sagrada Escritura — todo homem é mendaz.

Por isso, com o fito de fazerem crer aos outros que o que dizem é verdade, julgam os homens necessário jurar, invocando a Deus por testemunha.

O juramento é prole legítima da mendacidade — e como poderia ser puro o filho, se tão impura é a mãe?...

O verdadeiro discípulo do Cristo fez consigo esse pacto sacrossanto, de nunca faltar à verdade, por maiores que sejam as vantagens que a inverdade lhe dê, ou as desvantagens que lhe advenham do culto à verdade.

Quase 100% da nossa publicidade comercial, pela imprensa, pelo rádio, pela televisão, pelos cartazes, são mentira a serviço da cobiça. A alma da arte publicitária consiste em fazer crer ao homem que ele necessita de uma coisa que ele apenas deseja; e, quando ele identifica o seu desejo artificial com uma necessidade natural, então é dócil freguês e compra tudo de que julga necessitar. Torna-se freguês e enriquece os cofres dos publicitários e vendedores, graças a uma série de mentiras que ele aceitou como verdades.

Quem lê ou ouve diariamente esse dilúvio de mentiras veiculadas pelos citados canais de publicidade, dificilmente atingirá um grau de verdadeira pureza, necessária para a sua realização em Cristo. A nossa decantada civilização, quase inteiramente baseada na mentira e na ganância, é o maior impedimento para a autorrealização. Quem se expõe diariamente a esse impacto de profanidade e se identifica, aos poucos, com esse ambiente, não deve estranhar a sua falta de espiritualidade e paz interior. Quem não quer os meios não quer o fim.

Mahatma Gandhi foi, durante toda a sua vida, após a conversão ao mundo de Deus, o grande cultor da verdade incondicional, mesmo à custa dos maiores sacrifícios. Sabia ele que a verdade, e só ela, é que é libertadora.

A verdadeira felicidade não medra senão num clima da veracidade absoluta e incondicional. Os sofrimentos que o culto inexorável da verdade acarreta, não raro, a seus fiéis discípulos, são necessários para que a verdade possa prosperar — assim como o adubo é necessário para a planta poder medrar devidamente.

Sendo que Deus é a própria Verdade, tanto mais divino é o homem quanto mais intransigente cultor da Verdade.

O verdadeiro discípulo do Cristo não pode reduzir-se à condição de ser um passivo refletor da opinião pública e dos vícios sociais, como se fosse um simples espelho — tem a missão sagrada de ser um diretor e orientador de seus semelhantes rumo à grande libertação, rumo às alturas do reino de Deus...

❖

"Não resistais ao maligno!"

É esta, certamente, uma das palavras mais enigmáticas do Nazareno, das menos compreendidas, e ainda menos praticadas, sobretudo no Ocidente cristão, essencialmente violentista. No número de abril de 1959, da célebre revista mensal *Stimmen der Zeit*, dos padres jesuítas alemães, aparece um artigo, da autoria do jesuíta P. Hirschmann, provando que a guerra atômica pode ser lícita, no caso de ser necessária para salvar o Cristianismo sobre a face da Terra. No mesmo sentido escreve o jesuíta P. Gundlach, que foi conselheiro espiritual do Papa Pio XII, afirmando que a guerra atômica, e mesmo a extirpação de um povo inteiro (naturalmente a Rússia!), é não somente lícita, mas pode até ser dever de consciência, no caso de esse povo ser um impedimento para o triunfo do Cristianismo.

O que inspira semelhantes monstruosidades, oficialmente aprovadas pela respectiva igreja, é a clamorosa confusão entre "Cristianismo" e "Cristo". Por "Cristianismo" entendem esses autores uma determinada organização eclesiástica, engendrada, ao longo dos séculos, por hábeis teólogos e devidamente codificada pelos chefes hierárquicos dessa sociedade eclesiástica. A fim de preservar da destruição essa organização político-financeiro-clerical apregoam esses homens a liceidade da destruição do espírito do Cristo, que em hipótese alguma aprovaria a morte de um único ser humano, menos ainda a extinção de muitos milhões de inocentes, a fim de salvar o reino de Deus. Como se pode salvar o verdadeiro Cristianismo, que é o reino de Deus, destruindo-o radicalmente pela matança em massa?

Por onde se vê que esses doutores em teologia eclesiástica são perfeitos analfabetos na suprema sabedoria do Sermão da Montanha, e do Evangelho do Cristo em geral.

O gentio Mahatma Gandhi, não permitindo a morte de um só

homem para libertar a Índia, compreendia mil vezes melhor o espírito do Cristo do que esses chamados "cristãos", razão por que declarava a todos os missionários do Ocidente que procuravam convertê-lo ao Cristianismo: "Aceito o Cristo e seu Evangelho — não aceito o vosso Cristianismo".

* * *

"Não resistais ao maligno!..."
Nenhuma igreja, nenhum Estado cristão aceitou, até hoje, essa doutrina do divino Mestre. Todos praticam violência, por sinal que todas as sociedades, civis e eclesiásticas, se guiam, até hoje, pela lei do talião, estabelecida por Moisés, "olho por olho, dente por dente". Aliás, parece mesmo que uma sociedade organizada não pode guiar-se pelo espírito do Evangelho do Cristo, porque qualquer sociedade organizada é baseada sobre o egoísmo, que aprova a violência; parece que só um indivíduo pode ser realmente crístico, não violentista. A sociedade tem determinados estatutos, leis, parágrafos jurídicos, que implicam sanção, isto é, violência, punição aos infratores dos estatutos jurídicos da sociedade. Sendo que toda a sociedade é produto da inteligência, e a inteligência é, essencialmente, egoísta, não pode haver uma sociedade não egoísta, não violentista. Se Mahatma Gandhi conseguiu libertar a Índia com *ahimsa* (não violência) foi unicamente porque, ao redor dele, havia numerosos indivíduos firmemente alicerçados na mesma verdade, como concebeu o próprio presidente Nehru, e não porque a sociedade como tal se guiasse pelo princípio altruísta da *ahimsa*. Toda e qualquer sociedade, como sociedade, pratica necessariamente *himsa* (violência), sob pena de se destruir a si mesma, não fazendo valer as suas leis; só um indivíduo pode praticar *ahimsa*, não pagando mal com mal, mas pagando o mal com o bem, amando aos que o odeiam.

"Não resistir ao maligno" é, pois, uma ordem que visa diretamente o indivíduo em vias de cristificação. Uma sociedade, sendo fundamentalmente egoísta, nunca pode ser crística, embora possa dizer-se cristã, isto é, egoísta envernizada de Cristianismo.

Nenhuma sociedade organizada pode abrir mão dos seus "direitos", sob pena de cometer suicídio, ela só existe em virtude dos seus "direitos"; o direito, porém, é uma forma de egoísmo, e egoísmo gera violência. Só se a sociedade abdicasse dos seus "direitos", tudo endireitaria; mas, enquanto ela faz valer os seus "direitos", tudo está torto.

O contrário do "direito" é a "justiça", que é praticamente idêntica ao amor. A "justiça", no sentido bíblico, é invariavelmente a "justeza", o perfeito "ajustamento", a harmonia entre o indivíduo e o Universal, entre o homem e Deus, entre a criatura finita e o Creador Infinito. Essa justiça, porém, é o perfeito amor, como aparece no "primeiro e maior de todos os mandamentos", enunciado por Jesus.

No frontispício do Fórum da cidade de Santa Maria, no Rio Grande do Sul, se acham gravadas estas palavras do jurista-filósofo Cícero: "*Summum jus — Summa injuria*" (o supremo direito é a suprema injustiça). Quem reclama todos os seus direitos pessoais, age em nome de seu ego, que é necessariamente egoísta; mas quem pratica a justiça, age em nome da Constituição Cósmica do Universo, age em nome da própria alma do Universo, que é Deus; age em nome do amor cósmico, que é a voz do divino Eu no homem.

Quem apela para seus "direitos" age em nome do ego, que é violentista.

Quem apela para a "justiça" age em nome do Eu, que não é violentista.

"Não resistir ao maligno" é, pois, um apelo para o divino Eu no homem, e não para seu humano ego.

* * *

Há, na legislação mosaica, uma matemática estranha: supõe que uma violência se neutralize com outra violência. Se alguém me arranca um olho ou quebra um dente, e eu lhe arrancar também um olho e quebrar um dente, estamos quites; porque cobrei do meu devedor uma dívida em aberto. Na realidade, porém, não estamos quites, nem eu nem ele, porque um negativo dele mais um negativo meu dão dois negativos; quer dizer que nós dois, meu ofensor e eu, ofensor dele, criamos dois males no mundo; e, como a segunda ofensa exige uma terceira, da parte dele, e essa reclama uma quarta ofensa, da minha parte, e assim por diante, numa indefinida "reação em cadeia" — é claro que nós dois, o ofensor de lá e o ofensor de cá, vamos piorando o mundo cada vez mais, enchendo-o de negativos e mais negativos.

Contra essa falsa matemática de Moisés opõe Jesus a verdadeira matemática, absolutamente lógica e racional, afirmando que o negativo (mal) só se neutraliza pelo positivo (bem), e que o único modo de melhorar o mundo e a humanidade é pelo processo de: 1) não resistir ao mal; 2) de opor o bem ao mal. O meu positivo oposto ao negativo do meu ofensor neutraliza esse negativo, e o resultado é zero; mas, se eu opuser ao negativo do ofensor não apenas um positivo (um bem), porém muitos — digamos 10 — neste caso não somente neutralizei o negativo (mal) dele, mas ainda há um superávit de positivos, isto é, enriqueci a humanidade de bens positivos.

Mahatma Gandhi — precisamente por ser *mahatma*, "grande alma" — compreendeu e praticava admiravelmente essa matemática espiritual do Evangelho do Cristo, dando à não resistência o nome sânscrito de *ahimsa* e à política benevolência para com o ofensor o nome de *satyagraha* (apego à verdade), ou seja, amor, justiça cósmica.

Naturalmente, para que alguém possa praticar essa não violência e essa benevolência, tem de passar por uma profunda experiência mística sobre a sua verdadeira natureza, e não se identificar com seu ego físico-mental-emocional.

❖

"Quando alguém te ferir na face direita, apresenta-lhe também a outra"

E prossegue o divino Mestre: "Se alguém te roubar a túnica, cede-
-lhe também a capa! Se alguém te obrigar a andar com ele mil passos, vai com ele dois mil! Se alguém te pede lhe emprestes algo, não lhe voltes as costas!".

O que aos profanos totais parece covardia e absurdidade, o que aos semiprofanos parece extraordinário heroísmo e virtuosidade, isso é, para o verdadeiro iniciado no espírito do Cristo, algo inteiramente natural e evidente.

Aqui atinge o Sermão da Montanha como um clímax.

Não se trata de praticar uma série de atos virtuosos externos, como parece à primeira vista — trata-se, sim, de crear dentro de si uma atitude, um clima, uma atmosfera permanente, a qual, de vez em quando, oportunamente, se revele em algum desses atos externos, transitórios. Uma vez que o "agir segue ao ser", é natural que um novo ser interno se manifeste num novo agir externo; mas, o principal não é esse agir, o qual, sem o seu correspondente ser, será sempre algo sacrificial e artificial meramente moral e não profundamente místico, como é a alma do reino de Deus. O verdadeiro Cristianismo não é apenas um sistema ético de agir virtuosamente — é um novo modo de ser ontologicamente, uma completa e total transformação do indivíduo humano. Esse novo "modo de ser", certamente, supõe uma série de "atos de agir", mas essa série de atos, embora necessários, não é suficiente para produzir essa atitude, esse ser. Os atos éticos são condição, mas não são causa dessa nova atitude crística. São necessários, mas não são suficientes para crear essa "nova creatura em Cristo", a qual, em última análise, é um carisma, um dom da graça divina. Ninguém pode merecer, causar, a graça; se assim fosse, ela não seria graça, que é de graça. Tudo que é merecido é pequeno — o que é de graça é grande.

O valor do homem não está naquilo que ele fez ou diz, externa e transitoriamente — mas está naquilo que ele é, interna e permanentemente. O externo e transitório é condição necessária, mas não é causa suficiente do interno e permanente. Causa suficiente é só o poder ou a graça de Deus. Em última análise, a "nova creatura em Cristo" é filtra de um novo *fiat lux* da onipotência creadora de Deus. Para que esse *fiat lux* possa ser proferido sobre as trevas abismais do ego humano, deve este ser receptivo, faminto, devidamente evacuado de si para poder ser plenificado por Deus — isso é condição preliminar necessária para que a causa divina possa agir.

Que alguém ofereça, de fato, a outra face a quem o feriu numa, ou ceda a capa a quem lhe roubou a túnica, é de somenos importância e depende das circunstâncias do momento — mas que ele mantenha em si essa firme e constante atitude de benevolência e beneficência, isto sim é importante e decisivo. E, no momento dado, essa atitude interna também se revelará em atos externos. "O agir segue ao ser."

Os atos externos mencionados por Jesus, no Sermão da Montanha, são o transbordamento natural e irresistível de uma poderosa atitude interna e permanente; brotam espontaneamente do tronco robusto de um novo ser, em forma de flores e frutos naturais de um novo fazer e dizer.

Isso, porém, supõe uma total transformação interior do homem, o cruzamento de uma fronteira invisível e decisiva, a transição irrevogável do velho ego luciférico para o novo Eu crístico.

O velho ego, antes de tudo, quer receber e ser servido — o novo Eu quer dar e servir.

O velho ego sente-se facilmente ofendido, preterido, vulnerado, por bofetadas, roubos, exigência de serviço indébito, pedido de empréstimo de dinheiro sem juros, por qualquer olhar ou palavra de desprezo, e, obediente à lei escravizante de ação e reação, de causa e efeito, revida ofensas, vinga injúrias, afirma a sua propriedade individual, acha covardia não ofender o ofensor, e valentia pagar mal por mal — por que tudo isso? Porque o pequeno ego, precisamente por ser pequeno e fraco, é escravo e vítima permanente duma tirania da qual não consegue emancipar-se, sobretudo porque essa escravidão é chamada "Liberdade". Quem chama saúde a doença não pode ser curado; o primeiro passo para a cura é reconhecer a doença como doença. O primeiro passo para ser libertado da escravidão do ego é reconhecer essa escravidão como escravidão.

O Sermão da Montanha oferece ao homem a chave para abrir a sua velha prisão e entrar na "gloriosa liberdade dos filhos de Deus" — mas depende do próprio homem dar meia-volta à chave, para abrir a porta — ou para continuar preso.

O novo Eu crístico nada sabe de ofensas, injúrias, desprezos, propriedade individual, direitos, porque ele é todo invulnerável, livre, imune; nenhum fator externo lhe pode fazer mal, porque não o pode fazer mau.

Numa série de luminosas contraposições, frisa o Nazareno a derrota do pequeno ego humano e a vitória do grande Eu divino, isto é, a total autorrealização ou cristificação do homem.

Quem não cruzou essa misteriosa fronteira que medeia entre o pequeno mundo do ego e o vasto universo do Eu, ou não é capaz de praticar esses atos de gloriosa libertação, ou quando, por exceção, consegue praticar algum deles, logo se sente como um herói, como algum "super", porque esse ato "virtuoso" destoa da sua atitude habitual, e, por isso, lhe parece algo notável e extraordinário. Enquanto o homem vê nesses atos um heroísmo, uma virtude, algo de excepcional, não creou ainda a competente atitude, não cruzou ainda a misteriosa fronteira entre o ego luciférico e o Eu crístico; não é ainda um verdadeiro iniciado, mas, na melhor das hipóteses, um profano de boa vontade.

Não é o simples "querer" que decide — todos os profanos de boa vontade querem — mas é um novo "poder". Muitos podem querer — poucos podem poder. Para que alguém possa, não só querer, mas também poder, é indispensável que tenha recebido uma vida nova, que tenha renascido pelo espírito, que tenha tido a suprema revelação do seu eterno "ser divino" — o seu misterioso "eu e o Pai somos um", ou, em sânscrito: *"tat twam asi"* (isto, Brahman, és tu). Essa grande revelação da Verdade sobre si mesmo crea no homem a força do poder, uma nova atitude permanente, um novo modo de ser.

Verdade é que todo homem, em virtude da sua natureza humana, da sua "alma naturalmente crística", era sempre essa "nova creatura em Cristo", mas não o era explicitamente, senão apenas implicitamente; essa "nova creatura em Cristo" estava nele em estado latente, embrionário, meramente potencial; estava concebida e andava como que em gestação, mais ou menos adiantada ou atrasada, mas não havia nascido ainda atualmente. Em todos os homens existe o Cristo potencial — a "luz verdadeira que ilumina a todo homem que vem a este mundo" —, mas enquanto esse Cristo potencial não passar a ser o Cristo atual, podem esses homens querer o bem, mas não o podem realizar; neles está, como escreve Paulo de Tarso, o "querer o bem", mas não está o "poder o bem".

Essa transição do débil "querer" para o vigoroso "poder" é um carisma inexplicável, uma graça divina que ninguém pode merecer, embora todos possam e devam preparar o ambiente e crear um clima propício para que essa graça venha.

Esse carisma é algo que nos "acontece" de fora, mas que o homem não "produz" de dentro de si, do seu ego. Esse "acontecer" da graça brota das eternas e ignotas profundezas de Deus — do Deus transcendente, que é o Deus imanente; mas não vem das periferias superficiais do pequeno ego consciente.

* * *

Quando o homem consegue cruzar essa misteriosa fronteira, do pequeno ego humano para o grande Eu divino, então toda a vida dele se transforma e ilumina com inefável força e claridade. Então entra ele num novo céu e numa nova terra. Então vive ele o seu céu aqui mesmo, aqui, agora, e para sempre, e por toda a parte — e o seu inferno não existe mais em parte alguma. Então nada mais o entristece, o molesta, o ofende, o perturba. Então está ele definitivamente liberto pela Verdade, e essa libertação é a sua suprema felicidade.

O que aos profanos de má vontade parece absurdo, o que aos profanos de boa vontade parece doloroso sacrifício e virtude heroica — isso é para os verdadeiros iniciados espontânea facilidade e suprema beatitude...

O Sermão da Montanha é a chave da grande e definitiva libertação do homem. É a última palavra sacra de toda a iniciação esotérica e mística dos candidatos à verdadeira sabedoria e experiência cósmica.

O Sermão da Montanha é um convite para a morte e para a ressurreição, para o ocaso do ego luciférico e para a alvorada do Eu crístico...

Aceitar esse convite é vida eterna — rejeitá-lo é morte eterna...

Aqui se bifurcam os caminhos da humanidade...

Aqui se digladiam, em dramático duelo, as duas maiores potências do Universo — Lúcifer e Lógos, a magia mental do velho ego, e a sabedoria espiritual do novo Eu...

Aqui se alarga o campo da grande tentação, em pleno deserto — entre a política telúrica do tentador: "Eu te darei todos os reinos do mundo e sua glória" — e a sapiência cósmica do tentado: "O meu reino não é deste mundo"...

No *Everest* do Sermão da Montanha se vê todo o indivíduo humano colocado na grande encruzilhada entre o "querer ser servido" do velho ego lucifférico — e o "querer servir" do novo Eu crístico...

A escolha é livre — mas as consequências da escolha obedecem a uma lei inexorável...

A alternativa suprema e última é esta VIDA — ou MORTE...

❖

"Amai os vossos inimigos"

É este, sem dúvida, um dos tópicos evangélicos mais repetidos no mundo cristão — e de todos o menos praticado. E a razão última e mais profunda dessa falta de prática do amor aos inimigos nasce duma falsa compreensão dessas palavras do Mestre. A imensa maioria dos cristãos julga tratar-se aqui de um imperativo categórico do dever compulsório, quando, de fato, se trata de um ato de querer espontâneo; não do heroísmo duma virtude ética, e sim da evidência de uma sabedoria cósmica. Naturalmente, para que o dever compulsório da virtude possa converter-se no querer espontâneo da sabedoria, terá de acontecer algo de imensamente grande entre esse doloroso dever de ontem e esse glorioso querer de hoje.

Que é que deve acontecer entre esses dois polos adversos?

Deve acontecer uma grande compreensão.

É sabido que tudo que é difícil não tem garantia de perpetuidade — mas tudo que é fácil tem sólida garantia de indefectível continuidade. Enquanto o "amor aos inimigos" se nos apresentar como um dificultoso dever compulsório, uma virtude ou virtuosidade, é claro que não temos a menor garantia de que vamos amar nossos inimigos, amanhã e depois, mesmo que talvez hoje os amemos. Só quando o dificultoso dever compulsório se transformar num jubiloso querer espontâneo, e quando a virtude passar a ser sabedoria e profunda compreensão da realidade, é que o nosso amor aos inimigos deixará de ser um fenômeno intermitente, passando a ser uma realidade permanente.

Estas palavras de Jesus não têm, pois, em primeiro lugar, caráter ético, mas sim um sentido metafísico, visando estabelecer a solidariedade cósmica através da sabedoria da compreensão.

Exemplifiquemos.

Alguém é meu inimigo, e eu sou inimigo dele. Estamos ambos no plano negativo, nas trevas, ele e eu.

Alguém é meu inimigo, mas eu não sou inimigo, e sim amigo dele; neste caso, ele está na zona negativa das trevas, mas eu estou na zona positiva da luz.

Ora, como a luz sempre atua positivamente, rumo à construção, e as trevas atuam negativamente, rumo à destruição, é certo que, no caso de um encontro mútuo entre a luz e as trevas, o positivo eliminará o negativo, e não vice-versa. "A luz brilha nas trevas, mas as trevas não a prenderam (extinguiram)."

O preceito de amar nossos inimigos é, pois, antes de tudo, um postulado de caráter metafísico, único capaz de estabelecer solidariedade cósmica.

Sendo eu de vibração positiva, filho da luz, posso ajudar a quem é negativo, filho das trevas. Se eu não for positivo, nada poderei fazer em benefício do meu semelhante negativo, porque ambos estamos no mesmo plano negativo, fraco, inerte. Mesmo no caso que eu não tenha ódio real a meu inimigo, não o posso ajudar eficazmente, porque sou neutro e fraco; só no caso que eu seja realmente positivo, pelo amor, é que posso ajudar a quem está no ódio, contrapondo uma "violência espiritual a uma violência material", no dizer de Mahatma Gandhi.

Se odeio a quem me odeia, acrescento negativo a negativo, aumentando as trevas do mundo.

Se deixo de odiar a quem me odeia, não aumento os fatores negativos, mas também não destruo o que já existe, deixando as trevas no *status quo*.

Se amo a quem me odeia, neutralizo o negativo do meu inimigo com o meu positivo, eliminando assim as trevas e dando vitória à luz. É este o único modo eficiente de tornar o mundo melhor: substituir as trevas negativas do ódio pela luz positiva do amor.

O Sermão da Montanha, a filosofia da *Bhagavad Gita*, a sabedoria do *Tao Te King*, a vida de Gandhi e de todos os grandes iluminados estão baseados nesta matemática espiritual.

"Um único homem que tenha chegado à plenitude do amor neutraliza o ódio de milhões." (Mahatma Gandhi)

* * *

Acresce outro fator importante. Quando odeio a quem me odeia, não apenas aumento as trevas em que ele está, mas também aumento as minhas próprias trevas, direta e indiretamente. Diretamente, pelo próprio ódio que produzo em mim, como vimos, e indiretamente porque todo pensamento, sobretudo quando transformado em atitude permanente, produz vibrações de certa categoria; e estas vibrações, segundo uma lei cósmica inexorável, demandam automaticamente aquela zona onde encontram afinidade vibratória: vibrações negativas associam-se a vibrações negativas, vibrações positivas vão em busca de vibrações positivas, no mundo da humanidade, e até dos seres infra-humanos.

Nesse mergulho no mundo das vibrações, os meus pensamentos em marcha são saturados dos elementos, negativos ou positivos, conforme sua natureza e afinidade, que encontrarem no ambiente, e, carregados dessas vibrações, os meus pensamentos voltam a mim, porquanto os meus pensamentos, por mais transcendentes que pareçam e distantes de mim, estão sempre imanentes em mim, inseparavelmente unidos à sua causa e fonte, e a natureza da sua saturação se refletirá necessariamente sobre seu emissor. Se, por exemplo, é emitido por mim um pensamento de ódio ou malquerença com 10 graus de negatividade e encontrando lá fora um ambiente carregado com 20 graus negativos, este pensamento de ódio volta a mim saturado de 20 graus de negatividade ou malquerença, duplicando, portanto, o meu próprio estado negativo, e fazendo-me duas vezes pior do que eu era antes. "Cada um colherá conforme o que trouxer semeado." "Quem ventos semeia, tempestades colherá."

É de todo indiferente que a pessoa por mim odiada "mereça" ou "não mereça" o meu ódio; em qualquer hipótese, eu contribuo para tornar o mundo pior, porque me tornei pior a mim mesmo, parte integrante deste mundo. Eu, o sujeito e autor do meu ato, sou atingido pelo efeito do mesmo, muito antes que o objeto seja atingido. Ninguém pode atingir o objeto antes de atingir o sujeito. O mal que faço, ou procuro fazer a algum outro, me atinge a mim mesmo em primeiro lugar, e fere o sujeito de um modo muito mais grave do que possa ferir o objeto. "O que entra no homem não torna o homem impuro, mas o que sai do homem, isto sim, torna o homem impuro."

O mal que os outros me fazem não me faz mal, porque não me faz mau. Antes que o mal faça mal a outros, já fez mal ao malfeitor, porque o fez mau. Não é certo que o objeto seja atingido por meu mal, mas é absolutamente certo que o sujeito é atingido por ele.

Esse impacto do meu pensamento sobre os objetos ou pessoas é, antes de tudo, sobre o meu próprio sujeito, é tanto mais veemente e destruidor, quanto maior for a vibração emocional de que o pensamento está saturado.

Amar seus inimigos é, pois, um preceito de sabedoria cósmica, porque promove a autorrealização do homem, a sua verdadeira cristificação.

❖

"Cuidado que não pratiqueis as vossas boas obras para serdes vistos pelas gentes"

Repetidas vezes, e de modos vários, insiste Jesus neste preceito ou proibição, que, à primeira vista, parece ser de caráter simplesmente ético. Entretanto, esse inextirpável desejo de publicidade, embora ético em suas ramificações, tem as suas raízes embebidas no abismo da metafísica.

Há em toda tendência publicitária algo de profano e prosaico — como existe em toda atitude silenciosa algo de sagrado e poético. Todas as coisas grandes estão envoltas em silêncio e mistério. Parece que o silêncio engrandece e o ruído amesquinha todas as coisas.

Quando o homem recebe alguma grande inspiração e a assoalha aos quatro ventos, ela enfraquece e se esteriliza — mas quando ele a guarda na solidão de um grande silêncio, ela se robustece e fertiliza. Vigora secreta afinidade entre solidão e sacralidade — e há semelhança entre publicidade e profanidade. Na origem da vida física colocou a natureza humana o sentimento do recato e pudor — e o início da vida espiritual também está envolto na misteriosa castidade de uma profunda reverência. Toda a decadência do indivíduo ou dum povo começa invariavelmente com a perda do pudor e da reverência pela vida, quer material, quer espiritual.

"Não pratiqueis as vossas boas obras para serdes vistos pelos homens!"

Qual a razão última por que todo homem profano — isto é, de consciência apenas físico-mental — sente a imperiosa necessidade de fazer alarde das suas boas obras? Por que quer ver-se admirado, louvado ou de outro modo qualquer ser recompensado pelo bem que pratica?

É porque todo homem profano é essencialmente mercenário — e esse espírito mercenário é indício da sua fraqueza. O homem interiormente rico, completo, sadio, não tem necessidade de ser recompensado, nem compensado, nem pensado; só o pobre e indigente é que deseja ser recompensado, porque fazer o bem é para ele um sacrifício, uma perda; quer ser compensado, porque se sente incompleto; deve ser pensado porque está doente e chagado.

O homem de sentimentos mais nobres, é claro, não espera receber dinheiro nem outro equivalente material por seus atos bons — mas todo homem que ainda se move no plano da consciência horizontal julga-se com o direito de receber por suas boas obras pelo menos uma palavrinha de reconhecimento, de gratidão, de apreciação, e aguarda sobretudo algum resultado visível por seus trabalhos e esforços — e esse desejo dos resultados palpáveis também é, em última análise, espírito de espírito mercenário. A própria esperança de receber, em troca de suas boas obras, o céu — isto é, uma recompensa externa e adicional ao fato de ser bom — é desejo impuro e mercenário. Dificilmente encontraríamos entre milhares de homens um só que fosse capaz de prosseguir, corajosa e serenamente, uma árdua empresa espiritual ou beneficente, através de anos e decênios, sem jamais receber uma palavra de estímulo externo em forma de louvor ou aplauso.

Por que é que só nos sentimos seguros e corajosos quando, pelo menos de vez em quando, alguém nos louva ou quando aparecem resultados visíveis do nosso trabalho?

É porque todo homem profano, como já foi dito alhures, é essencialmente extroverso, objetivado; não tem noção clara de si mesmo a não ser quando o seu ego é, por assim dizer, refletido no espelho de algum objeto. Assim como ninguém pode ver o seu próprio rosto, ou a cor dos seus olhos senão quando refletidos em um espelho, semelhantemente também o homem profano só conhece o seu sujeito interno quando refletido por um objeto externo — como uma onda de radar, que só dá sinal de si quando, depois de emitida, encontra no seu caminho um objeto donde possa ricochetear e ecoar rumo ao aparelho emissor.

A consciência físico-mental, relacionada com os objetos, é sempre indireta. Quando ninguém reflete o meu ato, nada sei da natureza do meu ato. Mais ainda, quando pratico um ato bom e ninguém me louva nem reconhece essa bondade, pouco a pouco começo a duvidar da natureza positiva desse ato; e se alguns vão ao extremo de tachar de mau o meu ato bom — por quanto tempo serei capaz de crer na bondade do meu ato?

Meu Deus! Como o homem profano depende do mundo externo! Como ele é escravizado pelo reflexo da opinião pública! Não possui nenhuma autonomia e segurança intrínseca e por isto necessita dessas escoras e muletas extrínsecas.

Quando, então, o homem profano consegue ultrapassar a invisível fronteira que medeia entre o seu pseudoeu, ou ego personal, e o seu verdadeiro Eu crístico, o seu divino EU SOU — então caem por terra todas as escoras e muletas; então proclama ele a sua verdadeira independência, a "gloriosa liberdade dos filhos de Deus".

Daí por diante, não mais pratica ele boas obras para ser visto e louvado pelos homens; essa atitude lhe pareceria tão absurda e ridícula como arrastar-se arrimado a muletas em plena saúde.

A partir daí, toda a firmeza e segurança lhe vêm de dentro, das profundezas da sua consciência espiritual. Esse homem conhece-se a si mesmo por intuição íntima, e não necessita derivar esse conhecimento das palavras dos que não o conhecem. Ele sabe que os seus atos e sua atitude estão sintonizados com a Lei Eterna, e a consciência nítida dessa harmonia lhe dá tão grande firmeza e serenidade que, ainda que todo o mundo o louvasse, nem por isso se sentiria mais seguro; e embora o mundo inteiro o censurasse e condenasse, nem por isso perderia esse homem um só grau da sua segurança e tranquilidade interna; e ainda que os seus trabalhos não surtissem nenhum efeito palpável, ele prosseguiria a trabalhar com o mesmo afinco e otimismo de sempre.

"Trabalha intensamente — diz a sabedoria oriental — e renuncia a cada momento aos frutos do teu trabalho!"

O homem que conquistou essas alturas é supremo árbitro da sua vida e não necessita olhar para a direita, para a esquerda, para trás, a ver se os homens louvam ou vituperam os seus atos. Nem há motivo para fazer publicidade das suas boas obras, porque elas são boas em si mesmas, independentemente da aprovação ou reprovação de terceiros.

"Não pratiqueis as vossas boas obras para serdes vistos pela gente!" — isto é um *ultimatum* para a consciência físico-mental e um veemente chamariz para a consciência espiritual.

❖

"Quando jejuares, lava o rosto e unge a cabeça"

A mais fascinante poesia do homem plenamente cristificado consiste em fazer com leveza as coisas pesadas,
— com facilidade as coisas difíceis,
— com suavidade as coisas amargas,
— com alegria as coisas tristes,
— com sorridência as coisas dolorosas.

O homem bom, asceticamente bom, eticamente virtuoso, faz pesadamente as coisas pesadas, tristemente as coisas tristes, dificilmente as coisas difíceis, amargamente as coisas amargas, e assim por diante. Nisto há verdade e bondade, mas, não há beleza e poesia. A suprema perfeição do homem crístico é uma verdade revestida de beleza. A vida do homem plenamente cristificado é comparável à máquina de aço de lei, que funciona com absoluta precisão e infalibilidade, mas o seu funcionamento é leve como a luz, silencioso como a trajetória dos astros, espontâneo como o amor, sorridente como um arco-íris sobre vastos dilúvios de lágrimas.

O homem totalmente profano não pratica as coisas boas, procura evitá-las e ser alegremente mau.

O homem semiespiritual, simplesmente cristão e virtuoso, pratica o bem, mas com gemidos e dor; ser bom é, para ele, carregar a cruz, cumprir heroicamente o imperativo categórico do dever.

O homem plenamente espiritual, crístico, entrou na zona da suprema sabedoria, que é leve e luminosa, espontânea e radiante. Ele é, de fato, a "luz do mundo", é como esse sol de estupendo poder e de inefável suavidade, esse sol que lança pelos espaços as esferas gigantescas — mas sua luz não quebra a delgada lâmina duma vidraça que penetra, nem ofende a delicadeza de uma pétala de flor que beija silenciosamente. O homem crístico é como o sol, suavemente poderoso, poderosamente suave.

É poderoso — mas não exibe poder.

É puro — mas não vocifera contra os impuros.

Adora o que é sagrado — mas sem fanatismo.

É amigo de servir — mas sem servilismo.

Ama — sem importunar a ninguém.

Vive alegre — com grande compostura.

Sofre — sem amargura.

Goza — sem profanidade.

Ama a solidão — sem detestar a sociedade.

É disciplinado — sem fazer disso um culto.

Jejua — mas não desfigura o rosto para mostrar a vacuidade do estômago.

Pratica abstinência de muitas coisas — sem fazer disso uma lei ou uma mania.

É um herói — mas ignora qualquer complexo de heroísmo.

É virtuoso — mas não é vítima da obsessão de virtuosidade.

Trabalha intensamente, com alegria e entusiasmo — mas renuncia serenamente, a cada momento, aos frutos do seu trabalho.

Assim é o homem que se tornou "luz do mundo".

* * *

Mas, como pode um homem fazer hoje, por um querer espontâneo, o que ontem só fazia por um dever compulsório? Como pode jejuar com alegria, hoje, de rosto em festa, quando ontem só jejuava com tristeza, de rosto desfigurado?

Que foi que lhe aconteceu entre esse hoje e aquele ontem? Entre esse jubiloso querer de hoje e aquele doloroso dever de ontem?

Algo de estranho e de grande deve ter acontecido...

Sim, aconteceu-lhe algo de estranho e de grande — aconteceu--lhe a coisa maior do Universo que pode acontecer a um ser mortal — aconteceu-lhe a graça divina de uma grande, vasta e profunda compreensão de si mesmo, do Deus nele, do seu Cristo interno.

Esse homem superou a velha ilusão de que "ser bom" seja necessariamente "ser sofredor".

Certamente, ser bom é cruz e sacrifício no seu estágio inicial, e por isso o homem bom é, geralmente, um sofredor. Mas ser bom, no seu estágio final, não é sofrimento, é gozo e felicidade. Se a vontade de Deus pode e deve ser feita "assim na terra como nos céus", e se, nos céus, essa vontade divina é feita com imensa alegria e felicidade, é certo que, segundo as palavras do divino Mestre, a vontade de Deus também pode ser cumprida, aqui na terra, com alegria e felicidade. O homem terrestre também pode ser jubilosamente bom, a sua mais pura felicidade pode consistir em ser bom.

A compreensão é uma misteriosa alquimia, transmuta o caráter doloroso do ser bom em algo gozoso. O doloroso provém da personalidade do ego, ainda não plenamente integrada na divina individualidade do Eu; mas, uma vez que o pequeno ego humano se integrou no grande Eu divino, assume o fenômeno do sofrimento caráter totalmente diverso daquele que tinha antes.

A dolência acaba em delícia.

O sacrifício perde o seu caráter habitual de dolorosidade e se reveste do caráter da sacralidade. Sacrifício vem de "*sacrum facere*", fazer coisa sagrada. Ora, a coisa mais sagrada que existe é o amor. Por isso, o sacrifício assumido por amor é "*sacrum*", coisa sagrada, é um ato litúrgico.

* * *

Que semelhante alquimia seja possível, di-lo claramente o divino Mestre: "Meu jugo é suave e meu peso é leve".

Di-lo também o seu grande discípulo Paulo de Tarso: "Eu transbordo de júbilo no meio de todas as minhas tribulações".

Afirma-o também um dos modernos discípulos do Cristo, Mahatma Gandhi: "Nada tenho que perdoar a ninguém, porque nunca ninguém me ofendeu".

É esta a suprema perfeição do homem crístico: praticar o dever austero da Verdade com a leve e luminosa poesia do querer espontâneo.

❖

Nota: A oração dominical, ou Pai-nosso, que fez parte do Sermão da Montanha, não está incluída neste volume porque dela tratamos explicitamente em nossa obra *A metafísica do cristianismo*, Editora Martin Claret.

"Quem não renunciar a tudo que tem não pode ser meu discípulo"

Ter — ou Ser?
É a estes dois monossílabos que se reduz, em última análise, toda a filosofia do Evangelho e toda a sabedoria dos séculos.

Ter — ou Ser?

Duas atitudes aparentemente incompatíveis.

"Ninguém pode servir a dois senhores."

O homem que tem algo não pode ser alguém — e vice-versa.

O homem profano só conhece o *ter*, ou os *teres*, isto é, certo número de objetos quantitativos, que estão ao redor dele, no plano horizontal, e que ele considera ingenuamente como sendo seus bens. O profano total nada sabe do seu íntimo ser, de algo que não é dele, mas que é ele mesmo. Pode alguém ser milionário no plano horizontal dos seus *teres*, e ser ao mesmo tempo mendigo indigente na zona vertical do seu ser. De tanto ter, não chega a ser alguém.

Outros, mais avançados, resolvem renunciar a todos os seus *teres* e se isolam no puro ser, isto é, na divina essência do seu eterno Eu, sua alma, seu Cristo interno. E, de tão enamorados desse seu verdadeiro ser, desprezam soberanamente todos os ilusórios teres dos profanos. São os ascetas, os místicos, os yoguis, os austeros desertores de todas as coisas periféricas, os impávidos bandeirantes da verdade central. E, por mais tenebrosa que a outros pareça essa noite da renúncia absoluta e incondicional, ela é solene e grandiosa, porque possui a fascinante sacralidade das noites estreladas...

É a estes que Jesus se refere nas palavras que encimam o presente capítulo: "Quem não renunciar a tudo que tem não pode ser meu discípulo".

Quer dizer que qualquer ter, ou posse de objetos externos, impede o homem de ser discípulo do Cristo, ele, que não tinha onde reclinar a cabeça — nada tinha, porque tudo era; porque o seu ter descera ao ínfimo nadir, quando o seu ser atingira o supremo zênite. Por fim, renuncia também ao ter mais intimamente ligado ao ser, o corpo físico. E assim acabou ele de "entrar em sua glória".

Pode parecer estranho e humanamente inexequível esse inexorável radicalismo do Mestre. E não faltou quem mobilizasse contra essa sangrenta verdade da renúncia absoluta e incondicional todas as legiões da dialética mental, a ver se conseguia salvar do naufrágio ao menos alguns dos seus queridos ídolos, a ver se conseguia passar pelo "fundo da agulha" pelo menos com uma parte da bagagem que o profano costuma levar de reboque, nessa jornada terrestre; habituados a subornar os outros e a entrar de contrabando em todos os paraísos da terra, tentam eles aplicar essa sua política e diplomacia também ao Evangelho do reino de Deus.

Entretanto, as palavras do Mestre não admitem vestígio de dúvida; são inexoravelmente claras: "Quem não renunciar a tudo que tem não pode ser meu discípulo" — tudo, sem exceção de coisa alguma! O episódio trágico do jovem rico é uma ilustração clássica para essa verdade austera.

Tudo quanto o homem possui em bens terrestres torna-o dependente e escravo; mas o reino dos céus é somente para as almas completamente livres. Enquanto o homem tem algo que o mundo lhe possa tirar, ou deseja algo que o mundo lhe possa dar, não é definitivamente livre, e por isso não pode ser discípulo do Cristo. Os nossos *teres* quantitativos nos excluem do reino dos céus — o nosso ser qualitativo nos fez entrar no reino de Deus. Aproximamo-nos de Deus na razão direta do que somos, e na razão inversa do que temos. O ter é nosso, o ser é de Deus.

Mas, em que consiste esse ser?

Consiste na consciência da verdade sobre nós mesmos. Se conhecermos a verdade sobre nós mesmos, seremos livres. "Conhecereis a verdade, e a verdade vos libertará. E, se o Filho do homem vos libertar, sereis realmente livres."

Essa verdade libertadora sobre nós mesmos, porém, está na experiência íntima da nossa essencial identidade com Deus — "eu e o Pai somos um" — e na completa harmonia da nossa vivência cotidiana com essa verdade suprema.

* * *

Mas... não é necessário que o homem, aqui no mundo, possua certas coisas? Poderá ele viver decentemente sem possuir nada? Bastará, aqui na terra, o simples e puro ser? E não é um certo ter compatível com esse ser?

É este, talvez, o ponto em que o Cristianismo organizado falhou mais deploravelmente, e, o que é pior, as próprias igrejas cristãs procuram justificar esse espírito de possessividade de seus filhos — tanto mais que os próprios chefes espirituais são, não raro, os maiores possuidores de bens materiais. Será que a muitos desses chefes não caberiam as palavras veementes que o Cristo fulminou aos guias de Israel? "Guias cegos guiando outros cegos! Mas se um cego guiar outro cego, ambos acabarão por cair na cova. Ai de vós, doutores da lei! Roubastes a chave do conhecimento do reino de Deus! Vós não entrais, nem permitis que outros entrem!"

Não há nada no Evangelho em que o divino Mestre insista com maior rigor e frequência do que no espírito de absoluta e total renúncia aos bens terrenos, por sinal que ele considera a posse desses bens como absolutamente incompatível com o espírito do reino de Deus.

À primeira vista, parece possível e até necessário esse consórcio entre o ser e o ter, razão por que os teólogos e moralistas cristãos de todos os tempos têm tentado realizar esse congraçamento. Entretanto, continua a ser verdade inconcussa que "ninguém pode servir a dois senhores: a Deus e ao dinheiro". Ter algo e ser alguém são duas antíteses tão inexoravelmente hostis que nenhum tratado de paz é possível entre essas duas potências, assim como impossível é um consórcio entre as trevas e a luz, entre o não e o sim, entre a morte e a vida.

Entretanto, sem revogar o que acabamos de dizer, passaremos a explicar dois termos: possuir e administrar. É possível que o homem seja discípulo do Cristo, e ao mesmo tempo administre parte dos bens de Deus em benefício dos outros: filhos de Deus, seus irmãos. Deus é o único dono, proprietário e possuidor de todas as coisas que ele creou; nenhum homem é dono de coisa alguma e, se ele se arroga o direito de ser proprietário disto ou daquilo, comete crime de "apropriação indébita", roubando a Deus e aos filhos de Deus algo que não lhe pertence. Por isso, nenhum genuíno discípulo do Cristo se considera possuidor, dono ou proprietário do dinheiro ou de quaisquer bens materiais que, casualmente, estejam sob a sua administração; considera-se invariavelmente como simples administrador desses bens, de cujo emprego terá de dar estreitas contas ao legítimo senhor e proprietário.

Lemos nos "Atos dos Apóstolos" que entre os primeiros discípulos do Cristo não havia propriedade particular, mas que todos os bens eram comuns. Não existia nenhuma lei externa que obrigasse os cristãos a socializarem os seus bens, mas havia neles a lei interna do amor nascido da compreensão da grande verdade de que todas as coisas do mundo são de Deus e que nenhum filho de Deus tem o direito de se arrogar a posse exclusiva duma parte desses bens. A administração desses bens deve ser entregue a pessoas que tenham maior capacidade, e sobretudo maior espírito de desapego, mas o usufruto dos bens deve reverter sempre em prol da humanidade como tal. Se os homens se considerassem administradores, em vez de possuidores, dos bens materiais, seria proclamado o reino de Deus sobre a face da Terra; cessariam guerras, explorações, brigas, roubos, assassinatos, etc. "A cobiça é a raiz de todos os males", dizem os livros sacros.

* * *

Esse conceito de administração, em vez de propriedade, é um simples e espontâneo corolário da realização crística do homem. Em face do nascimento do sol do ser empalidecem todas as estrelas noturnas do ter. O homem crístico sente intuitivamente a total incompatibilidade entre o "ser discípulo do Cristo", e "possuir bens terrenos". Essa alternativa representa para ele um dilema de lógica inexorável: ou isto — ou aquilo! Uma vez que ele conhece a sua sublime dignidade em Cristo Jesus, como poderia ainda degradar-se a ponto de colocar a mão, pesadamente, sobre algum pedaço de matéria morta e declarar enfaticamente: "Isto aqui é meu, e de mais ninguém!"? Semelhante atitude lhe pareceria tão incrivelmente ridícula e vergonhosa que ele não a perdoaria a si mesmo. E se, pela força das circunstâncias, esse homem for obrigado a assinar em cartório, com firma reconhecida, algum documento de propriedade, tem ele plena consciência de que esse instrumento de posse vigora apenas no plano horizontal das pobres relações legais e jurídicas, mas que nada significa na zona vertical da sua atitude espiritual e ética, perante Deus e seus irmãos humanos; esse homem sabe que, a despeito do que ele assinou sobre as infalíveis estampilhas, testemunhas da humana desconfiança e inconfidência, continua a não ser dono e proprietário de coisa alguma.

Também, como poderia um genuíno discípulo do Cristo declarar de boa-fé "este objeto me pertence", quando ele mesmo já não se pertence, uma vez que pertence a Deus e à humanidade? Como apropriar-se de um objeto, se ele já desapropriou o próprio sujeito? Com o voluntário naufrágio do meu falso eu, do ego pessoal, naufragaram também todos os bens que eu chamava falsamente *meus*. A ideia do *meu* nasceu com a ideia do *eu*; quando esse *eu* morre, morrem necessariamente todas as ilusões relacionadas com o *meu*. O EU verdadeiro, divino, nada sabe de *meus*, porque o zênite do *ser* provoca o nadir do *ter*: quem tudo é, nada tem; a intensa luminosidade do *ser* aniquila todas as trevas do *ter*. Quem de fato é discípulo do Cristo nada tem nem quer ter, para si mesmo, embora possa prestar-se para administrador duma parte dos bens de Deus em prol de seus irmãos.

O que eu considero meu só tem função enquanto ainda vive em mim a noção do eu físico-mental; no momento em que o meu pequeno eu pessoal se afogar nas profundezas do TU divino e no vasto NÓS da humanidade, deixa esse conceito de *meu* ter razão de ser; é como um objeto suspenso no vácuo, depois que lhe foi subtraído o sujeito de inerência que lhe servia de base e substrato.

Por isso, o homem que atingiu a plenitude do seu ser, pelo despontar da consciência cósmica perde toda a noção de posse e propriedade. Nada adquire e nada perde. O fluxo e refluxo incerto de lucros e perdas deixou de existir para ele, e com isso foi eliminada a fonte principal da inquietação que atormenta os profanos. Nada possui que o mundo lhe possa tirar, e nada deseja possuir que o mundo lhe possa dar. Entretanto, se as circunstâncias terrenas o nomearam administrador do patrimônio de Deus e da humanidade, esse homem administra com a máxima solicitude essa parcela do patrimônio terrestre universal.

Pela mesma razão, o homem que se despojou dos *teres* pela maturação do *ser* não experimenta a menor dificuldade nem tristeza em passar a outras mãos a gestão dos negócios temporários que lhe foi confiada.

O grande industrial norte-americano R. G. Le Tourneau, fabricante de possantes máquinas de terraplenagem, mandou colocar sobre a entrada de uma das suas fábricas o seguinte letreiro:

"Não digas: Quanto do meu dinheiro dou a Deus?

Dize antes: Quanto do dinheiro de Deus guardo para mim?"

Esse homem descobriu que nós não temos dinheiro algum, mas que todas as coisas do mundo são de Deus; entretanto, pode o administrador dos bens de Deus tirar para si uma pequena "comissão". Le Tourneau, no princípio, tirava uma comissão de 90% para si, dando 10% a Deus, para fins de altruísmo e religião; hoje inverteu as quotas, dando 90% a Deus e guardando 10% para si. Entretanto, mesmo esses 10% Le Tourneau não se considera proprietário, senão apenas administrador, porque também este dinheiro pertence a Deus e à humanidade.

"Quem não renunciar a tudo que tem não pode ser meu discípulo."

❖

"Quem quiser construir uma torre... empreender uma guerra — renuncie a tudo!"

As alegorias da construção da torre e da empresa bélica focalizam, como talvez nenhuma outra, a sapiência cósmica do Nazareno, sapiência que se acha em flagrante conflito com a tradicional sagacidade da inteligência humana.

Diz o Mestre que o homem que deseja construir uma torre elevada — nós diríamos um arranha-céu — deve, antes de tudo, calcular criteriosamente se possui os recursos necessários para ultimar a obra, para que não seja obrigado a deixar o trabalho a meio caminho, com grande prejuízo próprio e zombaria dos outros.

Diz ainda que um rei, em vésperas de declarar guerra a outro rei, deve ponderar judiciosamente se com 10.000 soldados pode derrotar seu adversário que dispõe de 20.000, do contrário, fará melhor em desistir do empreendimento para que, a meio caminho das operações bélicas, não se veja obrigado a solicitar convênios de armistício ou paz, com grande humilhação e prejuízo.

Até aqui, as duas alegorias nada parecem ter de extraordinário; temos até a impressão de ouvir falar um homem do nosso século interessado na construção de edifícios, ou um beligerante profano dotado de certo tino estratégico e senso diplomático. E, com isso, nos sentimos quase reconciliados com o Nazareno, considerando-o como um dos "nossos" — quando, de improviso, ele passa do símbolo para o simbolizado, recorrendo a uma conclusão diametralmente oposta aos nossos cálculos e à nossa expectativa:

"Assim, vos digo eu, não pode ninguém ser discípulo meu quem não renuncie a tudo quanto possui."

Segundo a nossa sagacidade humana teríamos esperado algo totalmente diverso; teríamos esperado que o Mestre recomendasse ao construtor da torre — digamos, em linguagem moderna, do arranha-céu — que aumentasse os seus recursos para poder terminar a obra começada; e que fizesse ver ao rei beligerante que duplicasse ou triplicasse o número de seus soldados para derrotar seu inimigo. E, no plano material, é claro, teria sido esta a solução. O simbolizado, porém, não se acha nesse plano material, e por isso Jesus não recomendou nenhum desses dois expedientes. Em vez disso, passa a uma conclusão diametralmente oposta às nossas expectativas: insiste em que o homem, para conseguir os recursos necessários, abra mão de tudo quanto possui! Quer dizer que a fraqueza está no possuir — e a força no despossuir-se.

Os objetos materiais a que o homem está apegado representam a medida da sua impotência — ao passo que a espontânea renúncia a esses objetos é a bitola da sua potência, porque esse voluntário desapego das quantidades materiais significa qualidade espiritual. Ora, sendo a quantidade sinônimo de fraqueza, e a qualidade homônimo de força, é claro que o apego a objetos materiais é fraqueza e derrota — e a renúncia espontânea a eles é força e garantia de vitória.

A filosofia qualitativa do Mestre, como se vê, é exatamente o contrário da nossa política quantitativa: e o verdadeiro Cristianismo está na razão direta daquela e na razão inversa desta.

O "ter" é dos profanos — o "ser" é dos iniciados.

Quanto mais cresce o "ser" do homem, mais decresce o seu desejo de "ter".

Não é, certamente, a simples ausência material desses objetos que dá força ao homem; não é o simples fato de alguém ser Diógenes ou um mendigo pelo desfavor das circunstâncias — mas é o fato da espontaneidade do desapego, porque esse ato voluntário é filho de uma exuberante plenitude espiritual, e essa plenitude é que é garantia de vitória, ou melhor, ela mesma é a grande vitória.

A vida espiritual é uma construção altíssima, uma intensa verticalização rumo ao Infinito, obra gigantesca que necessita de um alicerce sólido para não expor a futuros riscos a grande torre.

A vida espiritual é uma guerra sem tréguas contra poderosos adversários, como ilustra tão maravilhosamente o drama místico da Bhagavad Gita: o príncipe Arjuna tem de lutar contra os usurpadores do seu trono espiritual, os sentidos e o intelecto.

Os recursos para essa grande empresa aumentam na proporção direta que o homem der mais importância ao que ele é internamente e menos importância ao que ele tem externamente. O "ser alguém" é, geralmente, incompatível com o "ter algo"; por isso deve o homem diminuir aquilo que tem na razão direta daquilo que ele é.

Só alguém que fosse firmemente estabelecido e consolidado no seu eterno "ser" poderia sem prejuízo voltar ao "ter" temporário — mas onde estão esses homens cósmicos, univérsicos, plenamente cristificados, totalmente realizados?

A imensa maioria dos homens do nosso século mesmo quase dois milênios após a vinda do Cristo — não pode ser e ter ao mesmo tempo; só lhes resta a alternativa entre o ser e o ter: ou ter sem ser — ou ser sem ter.

Mahatma Gandhi foi convidado pelos homens do "ter" a derrotar a potência material do Império Britânico com outra potência material — isto é, derrotar um "ter" com outro "ter"; mas ele se recusou preferindo derrotar o "ter" material do militarismo inglês com o "ser" espiritual que ele tinha em Deus. E Gandhi o fez, de encontro a todas as expectativas dos que só viam força na política do "ter", e fraqueza na filosofia do "ser".

É que "a loucura de Deus é mais sábia que os homens, e a fraqueza de Deus é mais forte que os homens." (São Paulo)

"Bem-aventurados os mansos, porque eles possuirão terra!" (Jesus)

Mansos são os que confiam no "ser" espiritual e desconfiam no "ter" material. Aparentemente esses mansos são constantemente derrotados pelos violentos; na realidade, porém, eles são sempre vitoriosos, aqui e por toda a parte, embora os cegos e os míopes nada enxerguem dessa vitória, que se acha numa outra dimensão, inacessível ao alcance dos sentidos e do intelecto. Internamente, os mansos são sempre vitoriosos, porque possuem o reino dos céus; mas muitas vezes são vitoriosos também externamente, possuindo não só o céu de dentro, senão também a terra de fora. Não há, certamente, nenhum Alexandre Magno, Aníbal, Júlio César, Napoleão, Hitler ou Mussolini que tão genuinamente possua "a terra", isto é, as simpatias, o amor e a admiração dos melhores entre os homens, aqui na terra, como os possuem, ao longo dos séculos e milênios, Jesus, Francisco de Assis, Mahatma Gandhi e todos os que preferiram a mansidão à violência, o amor ao ódio.

Esses, sim, construíram a sua torre espiritual pelo desapego e derrotaram seus inimigos pelo amor.

"Não julgueis — e não sereis 'julgados'! — Não condeneis — e não sereis 'condenados'!"

Com estas duas frases lapidares enuncia o divino Mestre a lei universal e infalível de causa e efeito, ou, como diz a filosofia oriental, a lei do "karma". Se os homens compreendessem praticamente essa lei, não haveria malfeitores sobre a face da Terra, porque o homem compreenderia que fazer mal a seus semelhantes é fazer mal a si mesmo, e, como ninguém quer ser objeto de um mal, ninguém seria autor do mal; cada um compreenderia que ser mau é fazer mal a si mesmo.

O Universo é um "kosmos", isto é, um sistema de ordem e harmonia, regido por uma lei que não admite exceção, ou no dizer de Einstein, o Universo é a própria Lei Universal. Dentro desse sistema cósmico, a toda ação corresponde uma reação equivalente. Pode essa reação tardar, mas ela vem com absoluta infalibilidade.

Objetivamente, ninguém pode perturbar o equilíbrio do Universo, embora, subjetivamente, os seres conscientes e livres possam provocar perturbação. A ação do perturbador provoca infalivelmente a reação do perturbado, e esses dois fatores, ação e reação, atuando como causa e efeito, mantêm o equilíbrio do Todo. A ação do perturbador chama-se culpa ou pecado, a reação do perturbado chama-se pena ou sofrimento. Ser autor duma culpa é ser mau, ser objeto duma pena é sofrer um mal. Por isso, é matematicamente impossível que alguém seja mau sem fazer mal a si mesmo. Se tal coisa fosse possível, o malfeitor teria prevalecido contra o Universo e ab-rogado a Constituição Cósmica; teria, por assim dizer, derrubado o Himalaia com a cabeça.

Compreender praticamente essa lei inexorável é ser sábio, e ser sábio é deixar de ser mau ou pecador. Se todos os homens fossem sábios ou sapientes, não haveria maus sobre a face da terra. Mas os homens são maus porque são insipientes, ignorantes. "Disse o insipiente no seu coração: Não há Deus!" Todas as vezes que os livros sacros se referem ao pecador, usam o termo "insipiente", isto é, "não sapiente", ou ignorante.

O grande ignorante é o pecador.

O grande sábio é o santo.

Quem conhece experiencialmente a ordem cósmica não comete a loucura de querer destruí-la com seus atos maus, porque sabe que isso é tão impossível como querer derrubar o Himalaia com a cabeça ou apagar o sol com um sopro.

O verdadeiro homem santo é um sapiente. E sua sapiente santidade consiste em manter perfeita harmonia com a lei do Universo. A própria palavra "santo" quer dizer "universal" ou "total"[1]. O homem santo é o homem univérsico, integral, cósmico, aquele que não procura uma vantagem parcial contrária à ordem total.

❖

---

[1] Em alemão, "*heil*" quer dizer total, integral, completo, e a palavra "*heilig*", derivada de "*heil*", significa santo. Em inglês, "*whole*" (antigamente "*hale*", derivado do verbo "*to heal*") quer dizer total, inteiro; e "*holy*" significa santo. — Santo é, pois, o homem que é total, integral, universal, o homem que estabelece e mantém harmonia entre a parte e o Todo, entre o indivíduo humano e o Universo cósmico.

"Pedi, e recebereis; procurai, e achareis; batei, e abrir-se-vos-á"

Assim disse o Mestre, e prosseguiu, confirmando esta grande verdade cósmica: "Pois todo aquele que pede receberá; quem procura achará; e a quem bate abrir-se-lhe-á".

Mais uma vez enuncia Jesus uma lei eterna e infalível, baseada na polaridade de todas as coisas. É necessário que o homem peça, procure, bata — mas nada disso é suficiente. O pedir, procurar, bater não é causa daquilo que ele recebe, acha e das portas que se lhe abrem; mas tudo isso é condição indispensável, fator preliminar para que a graça de Deus possa entrar em movimento, agir rumo ao homem que assume essa atitude propícia, que crea em si essa atmosfera e esse clima favorável para que a plenitude de Deus possa fluir para dentro da vacuidade do homem. Não há, nem jamais poderá haver, um pedir, um procurar, um bater tão poderoso que possa produzir, causar de dentro de si mesmo o menor dos dons espirituais, porque esses dons são essencialmente gratuitos, são puríssima graça, e, portanto, 100% de graça. É cegueira espiritual e orgulho luciférico pensar que o homem-ego, o homem-*persona* possa causar, isto é, merecer algo daquilo que lhe é dado, que ele acha ou que se lhe abre. O abrimento duma janela não causa a luz solar que vai iluminar a sala; a adubação duma planta não causa o seu crescimento, florescimento e frutificação — mas esses atos são necessários como condições preliminares para que a causa possa atuar e produzir de si mesma os seus efeitos, para que o sol possa iluminar a sala, para que a vida cósmica refletida na planta possa expandir-se. Nenhum abrir de janela pode causar luz solar; nenhum adubar de planta pode crear vida.

A causa é sempre um fator interno — ao passo que a condição é apenas um adjutório externo. Nenhum fato material ou mental pode causar um efeito espiritual, porque, em hipótese alguma, pode o efeito ser maior que sua causa. Deus dá a quem pede; Deus faz achar a quem procura. Deus abre a quem bate. Deus é sempre a causa intrínseca do efeito; o homem é apenas condição extrínseca dele. O homem que se considera causa de um efeito espiritual, que julga poder merecer um dom divino, dá prova de profunda ignorância aliada a uma detestável arrogância. É a satanidade do ego que se arroga semelhante grandeza e poder.

Se alguém alega que não necessita pedir nada a Deus, porque Deus já sabe perfeitamente de que o homem tem mister, mostra que não compreendeu a razão de ser desse "pedir". Não pedimos para lembrar a Deus o que, porventura, tenha esquecido, mas sim para crear dentro de nós mesmos um ambiente tal que o espírito de Deus encontre a necessária afinidade por onde possa atuar sobre nós. O objeto do "pedir" não é Deus, mas o próprio homem. A graça de Deus está sempre presente ao homem, mas nem sempre o homem está em condições de receber essa graça. O pedir, procurar, bater faz com que também o homem se torne presente a Deus que sempre está presente ao homem. Quem se acha em plena luz solar, de olhos fechados, não vê a luz, embora presente; mas, se abrir os olhos, verá a luz solar que sempre estava presente. O pedir, procurar, bater é como um abrir de olhos à luz de Deus. Torna favorável a disposição desfavorável do homem — e onde quer que haja disposição favorável, a graça de Deus atua poderosamente.

* * *

Há três classes de homens: 1) os que não pedem, não procuram, não batem em portas fechadas, mas esperam que Deus faça tudo por eles, como a outros tantos autômatos passivos e inertes; esses nada recebem, acham, nem encontram portas abertas; 2) os que pedem, procuram, batem com impetuosidade, na convicção de que essa sua atividade humana possa produzir de si mesma o resultado desejado; são os autossuficientes, os autocomplacentes, os que têm ilimitada confiança na onipotência do seu ego físico-mental-emocional; esses não recebem dons divinos, mas recebem, quando muito, os pequenos dons correspondentes à potência ou impotência desse seu ego humano; 3) há, finalmente, os que pedem, procuram, batem, creando destarte uma atitude de receptividade, esvaziando-se do seu pequeno ego humano, produzindo em si uma espécie de "vórtice de sucção", que atrai com silenciosa veemência a plenitude de Deus.

Nesse sentido dizem os livros sacros: "Deus resiste aos soberbos (os da segunda classe), mas dá sua graça aos humildes". Humilde, humildade, é palavra muito mal compreendida, como se fosse algo indigno de um homem de brio e senso de dignidade, quando, na realidade, não é senão a verdade sobre o próprio homem e a vivência em plena sintonia com essa verdade. O orgulho é sempre filho do erro, a humildade é sempre filha da verdade.

Quando Jesus diz de si "as obras que eu faço não sou eu quem as fez, mas sim o Pai que em mim está" — ou "a minha doutrina não é minha, mas sim a daquele que me enviou", enuncia ele esta grande verdade: Não é o meu pequeno ego humano, a minha pessoa (o meu Jesus humano) que produz esses efeitos espirituais, mas é o elemento divino em mim, o meu divino Cristo (meu Pai) que tal coisa produz. O seu humano ego é apenas o canal e veículo por onde fluem as águas divinas dos grandes efeitos realizados.

Em última análise, toda a santidade repousa num problema de compreensão da realidade. O pecador é, acima de tudo, um ignorante da realidade, que se deixa iludir por aparências e pseudorrealidades; é um "insipiente", isto é, um "não sapiente", o que equivale a dizer, um ignorante. "Disse o insipiente em seu coração: Não há Deus!" Isto diz o ignorante, não o sábio ou sapiente.

Todo o segredo da vida espiritual e autorrealização consiste em que o homem trabalhe intensamente, como se tudo dependesse do seu trabalho — e ao mesmo tempo confie em Deus, como se tudo dependesse unicamente da graça divina. Se conseguir sintetizar numa perfeita harmonia esses dois elementos, aparentemente incompatíveis, nada lhe será impossível, porque essa atitude o tornará onipotente por participação.

Quem lança mão de todas as previdências humanas — e ao mesmo tempo confia plenamente na providência de Deus — é inderrotável.

* * *

Este princípio, *mutatis mutandis*, vale, aliás, para todas as atividades humanas. Muitas vezes, trabalhamos intensamente, estudando, pesquisando, torturando o corpo e a mente — sem solução alguma. Depois, desistimos e tratamos de outros assuntos — e eis que, subitamente, a solução aponta, como que por milagre, e todo de improviso, em nossa mente! Algo em nós continuou a trabalhar, subterrânea ou subconscientemente, enquanto o nosso consciente se ocupava com outras coisas. Isaac Newton, não raro, adormecia sem ter conseguido o resultado de um cálculo matemático ou a visão nítida duma lei astronômica — mas, durante o sono, a solução se cristalizava com absoluta clareza, de maneira que, ao acordar, a podia lançar ao papel sem dificuldade.

O grande industrial norte-americano Roberto Le Tourneau voltou, altas horas da noite, de uma reunião da Sociedade Missionária a que pertencia, e tentou, embora exausto, terminar o desenho de uma peça de máquina que tinha de entregar na manhã seguinte; mas adormeceu sobre o papel, mal iniciara o desenho. Na manhã seguinte verificou, com grande surpresa, que o desenho estava pronto, e mais perfeito do que ele o poderia fazer em estado de consciência vígil.

Quando o povo atribui a Deus as palavras "Homem, ajuda-te — que eu te ajudarei!", enuncia esta mesma verdade.

Crear em si mesmo uma atitude de intensa receptividade, sem contudo esperar o resultado dessa atitude — é esta a mais difícil de todas as artes. E poucos chegam a ser mestres nessa arte. Relativamente fácil é alguém se convencer de que a sua contribuição humana não seja necessária para as obras divinas, uma vez que Deus é onipotente e não necessita de nenhuma das suas creaturas — esta atitude prevalece no Oriente. O homem ocidental, essencialmente ativo e dinâmico, facilmente cai no erro contrário, julgando poder produzir o resultado total só com sua atuação, que ele considera não só necessária, mas também suficiente.

O Cristo, porém, se acha equidistante desta atitude ocidental e oriental; ele é universal, cósmico.

❖

"Quem dentre vós quiser ser grande, seja o servidor de todos"

A consciência do homem da Era Atômica é a de "senhor do mundo". Sente-se cada vez mais senhor e soberano do mundo, graças ao poder da sua inteligência. Para ele, o mundo é apenas matéria-prima a que o homem tem de dar forma. E o que o homem da ciência faz com o mundo infra-humano, isto tenta fazer o homem da política com o mundo humano: para ele, o indivíduo humano é material para algo. Todos os totalitários, tanto da direita como da esquerda, consideram o homem como um meio para alcançarem determinados fins estatais ou políticos, ou, no dizer de Hegel, patrono de todos os totalitários, o indivíduo é "espírito subjetivo", ao passo que o Estado é "espírito objetivo", e, como o objetivo deve dominar sobre o subjetivo, segue-se que o indivíduo deve ser absorvido pelo Estado.

Todos os totalitarismos radicam na ideia do super-homem nietzschiano, isto é, do superlúcifer, e o seu lema é, como diz Nietzsche, "*der Wille zur Macht*", a vontade de querer dominar. Essa consciência intelectual da soberania, essa orgulhosa autonomia da personalidade do ego físico-mental é a característica de todas as filosofias e políticas empírico-intelectuais. E é esta a razão última por que a verdadeira Filosofia Univérsica, a Filosofia Cósmica do Evangelho, não consegue dominar no seio da humanidade.

À primeira vista, é esse super-humanismo físico-mental que confere real grandeza e felicidade ao homem!

Na realidade, porém, é esta a mais funesta ilusão do homem de todos os tempos.

Superar definitivamente essa ilusão secular e multimilenar — é esta a missão central e suprema da verdadeira filosofia.

A verdadeira grandeza e felicidade do homem está no fato de ele se saber e sentir servidor de algo superior a ele. Esta consciência de servidão e de serviço voluntário enche o homem de uma profunda reverência e sacralidade, e por isso de uma felicidade tão intensa e sólida que nenhum homem, no trono da sua complacente soberania, jamais experimentou, nem pode experimentar beatitude igual.

É a grandeza do SER, contrastando com a pequenez do TER.

Com efeito, o homem cósmico não se sente como alguém que faça grandes coisas, mas como por meio do qual grandes coisas são feitas, se ele o permitir. Mas esse "permitir" consiste precisamente na vontade de querer servir. A vontade de querer dominar, ou ser servido, não permite que grandes coisas sejam feitas através do homem, porque não estabelece um ambiente de receptividade, um clima propício para o advento dessa grandeza.

Essa espontânea passividade, essa inteira obediência ao imperativo categórico de uma Autoridade Cósmica, essa jubilosa subordinação a uma Razão Transcendente — enchem o homem de uma tranquilidade tão profunda e duma beatitude tão inebriante que todas as orgulhosas soberanias do homem profano, ávido de dominar, empalidecem como ridículos brinquedos de criança.

Quando o homem convalesce finalmente da sua longa doença de querer ser servido, para a vigorosa saúde de querer servir, é então que, pela primeira vez, ele se sente plenamente adulto e maduro para o seu grande destino, aqui no mundo e em todos os mundos.

Eu sou um servidor incondicional do misterioso Espírito gue rege o Universo! — que fascinante consciência de poder e de dignidade!

Homem realmente penetrado desta consciência nunca mais poderá duvidar da sua imortalidade, porque a vontade de servir que ele tem hoje e aqui o acompanhará necessariamente através de todos os mundos e de todos os tempos. Pode perecer à pequena vontade ou veleidade de querer ser servido — mas nunca pode perecer à grande vontade de querer servir.

Um espontâneo e jubiloso querer-servir é imortalidade.

A filosofia empírico-intelectualista do Ocidente parece enxergar grandeza quase exclusivamente na violência, na força bruta, no fato de o homem dominar, em submeter certas energias da natureza a seu domínio — mas isso não desmente a verdade de que os maiores homens da história, os homens eternos no tempo e no espaço — desde Buda e Lao-Tsé até Jesus, Francisco de Assis, Tolstoi, Gandhi, Schweitzer e outros —, tenham encontrado a suprema grandeza e a plenitude da felicidade em servirem voluntariamente ao Poder Infinito através de seus representantes finitos.

O que o homem faz quando quer dominar é atividade de seu ego consciente — e o que este fez e pode fazer é sempre pequeno e violento.

Mas o que é feito por meio do homem quando ele quer servir é atividade do seu Eu superconsciente e o que este faz é sempre grande e suave, dinamicamente suave. É por essa mansidão dinâmica que ele "possui a terra", porque se possui a si mesmo. E quem se possui plenamente, sem ser possuído por nada, esse possui todas as coisas.

A princípio, esse *querer-servir* parece fraqueza, pequenez, empobrecimento — até que o homem descobre, finalmente, que esse *querer-servir* é grandeza, força e riqueza.

De maneira que a verdadeira e única grandeza nasce espontaneamente do *querer-servir*, espontânea e jubilosamente.

"Quem dentre vós quiser ser grande, seja o servidor de todos!"

* * *

Mas, para que o homem possa compreender tão estranha sabedoria, diametralmente oposta a todos os padrões da vida atual, deve ele ter ultrapassado uma fronteira dentro de si mesmo, fronteira de que o homem profano nada sabe, ou na qual apenas crê vagamente. E este não saber é a sua pequenez e a sua infelicidade.

Com o cruzamento real dessa misteriosa fronteira dentro de si mesmo, entra o homem numa vida nova, tão rica e abundante que as mais deslumbrantes realidades da sua vida anterior lhe parecem extrema pobreza, ignorância e infelicidade.

Quando o homem desce ao ínfimo nadir de uma voluntária servidão e jubiloso serviço — então é que ele sobe ao supremo zênite da verdadeira soberania.

Só é realmente senhor aquele que voluntariamente se faz servidor.

E então compreenderá ele a verdade oculta das palavras do Mestre: "Há mais felicidade em dar do que em receber".

"Quem dentre vós quiser ser grande, seja o servidor de todos."

❖

"Foi dito aos antigos — Eu, porém, vos digo"

"Não penseis que vim abolir a lei e os profetas; não, não os vim abolir, mas levar à perfeição." Com estas palavras elucida o Mestre a sua missão de continuador da revelação divina. Recipientes mais humanos e menos divinos que Jesus, veículos ainda contaminados pelas imperfeições humanas receberam revelações de Deus; mas a puríssima revelação de Deus se tornou parcialmente impura pelo contato com o recipiente ou veículo não perfeitamente puro — e a revelação puríssima de Deus apareceu impura, devido à impureza do recipiente; porquanto "o recebido está no recipiente segundo a capacidade do recipiente".

Suponhamos que o recebido (a revelação divina) seja 100% puro, mas o recipiente humano apenas 50% puro; neste caso, a revelação divina 100% pura aparecerá entre os homens apenas 50% pura, porque vem mesclada com os outros 50% da impureza humana.

O Antigo Testamento está cheio desses "recebimentos impuros". A lei do talião "olho por olho, dente por dente", a ordem de apedrejar as adúlteras, a maldição e carnificina de crianças inocentes que aparece no final do Salmo 137, e alhures — nada disso foi revelado ou ordenado por Deus na forma em que aparece nas páginas da *Bíblia*; se assim fosse, Jesus não teria absolvido a mulher adúltera em vez de mandar apedrejá-la, segundo exigia a lei de Moisés, nem teria mandado que amássemos nossos inimigos, em vez de os odiarmos, como mandava a lei antiga.

A humanidade e sua receptividade espiritual não são algo estático e inerte, mas sim um processo em contínua evolução. O que, milênios atrás, só podia ser compreendido e praticado imperfeitamente, pode hoje ser compreendido e praticado com maior perfeição.

Em Jesus encontrou a Divindade o seu recipiente e veículo mais perfeito até hoje conhecido; por meio de Jesus se revelou o eterno "Lógos" (Verbo), que no princípio estava com Deus e era Deus, do modo mais puro que a humanidade conhece. A pura humanidade de Jesus não contaminou a pura revelação de Deus; em Jesus encontrou o eterno Cristo a sua manifestação mais completa e fiel.

Nesse sentido diz o Nazareno: "Eu não vim abolir, mas sim levar à perfeição a lei e os profetas".

Infelizmente, andam por aí umas traduções inexatas que dizem "cumprir" em vez de "completar", ou "levar à perfeição". Tanto no original grego como na tradução latina da *Vulgata* está "completar" (em grego *plerosai*, em latim *adimplere*). Se Jesus tivesse apenas vindo para cumprir a lei antiga, e não para lhe dar perfeição ulterior, não teriam sentido as palavras "foi dito aos antigos; eu, porém, vos digo"; seria ele um dócil discípulo de Moisés, mas não um mestre de perfeição superior.

O que Jesus acrescenta à lei antiga é a atitude interior, ao passo que a lei antiga se contenta com atos exteriores. A lei de Moisés opera no plano jurídico, horizontal, em que operam as nossas leis civis de hoje. Nenhuma autoridade judiciária condena ou absolve um réu em virtude das suas boas ou más intenções internas, mas unicamente em virtude dos seus atos externos. "*De intimis non curat praetor*", diziam os jurisconsultos romanos, o magistrado não trata das coisas íntimas. A alçada do magistrado humano é o foro externo — mas para Deus é muito mais importante o foro interno. O pecado não está, propriamente, no ato externo, físico, mas sim na atitude interna, moral. Quando uma fera mata um homem, ninguém a culpa como eticamente responsável por esse homicídio, porque houve apenas ato, e não atitude.

Afirma Jesus que homicida não é somente aquele que, de fato, mata um ser humano, mas também aquele que nutre ódio em seu coração; adúltero é também aquele que, sem cometer adultério exterior, alimenta em seu coração desejos libidinosos e por isso lança olho cobiçoso a uma mulher.

Atos são efeitos ou sintomas de uma atitude, que é causa ou raiz. O verdadeiro médico não está, precipuamente, interessado em curar os sintomas de uma doença, mas a própria raiz do mal.

O Cristianismo do Cristo não tem por fim impedir que o homem evite apenas atos maus, ou pratique atos bons, mas sim que crie atitude má. Ser bom é muito mais importante do que fazer bem, porque do *ser* nasce o *fazer*, como da raiz brota o tronco e nascem os frutos.

Pode alguém fazer o bem sem ser bom, mas ninguém pode ser realmente bom e não fazer o bem.

A verdadeira natureza do homem é a sua atitude, sub ou superconsciente, e não são apenas os seus atos conscientes. Estes são efeitos e consequências daquela. O homem é muito mais a sua atitude permanente do que os seus atos intermitentes. Os atos manifestam a atitude.

Os atos, considerados em si mesmos, são eticamente neutros, incolores, nem bons nem maus; quem lhes confere bondade ou maldade ética é a atitude ou a intenção do homem.

Os atos externos podem ser comparados a zeros "000.000", ao passo que a atitude interna equivale a um valor positivo, como por exemplo: "1"; em si mesmos, os zeros não têm valor algum, mas, quando unidos ao "1", são valorizados por este valor positivo, porque suas vacuidades são participantes da plenitude do valor intrínseco do "1".

Se Jesus tivesse abolido a lei antiga, que girava sobretudo em torno de atos, teria declarado inúteis os atos externos. Se tivesse apenas cumprido a lei, isto é, executado ao pé da letra aquilo que a lei antiga preceituava, teria declarado suficientes os atos externos. O fato, porém, é que ele não abole a lei dos atos, nem declara suficientes os atos da lei, mas exige que os atos externos, bons, sejam filhos de uma atitude interna, boa. Destarte, completou ele a lei e os profetas, substruturando os atos bons com atitudes boas.

Se tivesse abolido a lei antiga, teria sido revolucionário, demolidor; se tivesse apenas cumprido a lei antiga, seria simples tradicionalista conservador. Mas, como ao mesmo tempo conservou o que havia de bom na lei antiga e lhe acrescentou um novo elemento bom, é ele um verdadeiro evolucionista no terreno espiritual-moral. Sobre a base do passado e do presente, ergue o Mestre o edifício do futuro.

Não basta que pratiquemos atos externamente bons, é necessário que sejamos internamente bons.

❖

"Com a mesma medida com que medirdes ser-vos-á medido"

Assim disse o Mestre.
Com estas palavras enuncia Jesus a grande lei do indestrutível equilíbrio do Universo. Nenhuma creatura, por mais poderosa, pode desequilibrar o equilíbrio cósmico da justiça. Ninguém pode frustrar um só dos planos de Deus. Na ordem ontológica ou objetiva das coisas, Deus será sempre 100% vitorioso. Ninguém o pode derrotar, nem mesmo Satanás. Todas as rebeldias das creaturas, subjetivamente inimigas de Deus, contribuirão objetivamente para evidenciar a soberania única e a infinita majestade de Deus.

Entretanto, dentro dessa indestrutível ordem objetiva e desse equilíbrio estável do Universo pode haver altos e baixos, luzes e sombras, bem e mal. Toda creatura consciente e livre pode, da sua parte, opor-se a Deus e tentar prevalecer contra o Grande Todo. É o mistério da liberdade da creatura consciente.

É, porém, absurdo admitir que algum finito possa derrotar o Infinito, que a parte possa prevalecer contra o Todo, que algum efeito existencial possa frustrar algum dos planos da Causa Essencial.

Nenhum plano de Deus pode ser frustrado pelo homem, nem por Satanás. A creatura não tem a escolha entre cumprir ou não cumprir os planos de Deus; só tem à escolha dois modos de os cumprir; ou gozosamente ou dolorosamente, mas em qualquer hipótese a creatura cumprirá os planos do Creador, seja gozando, seja sofrendo. O infalível cumprimento pertence a Deus, o cumprimento gozoso ou doloroso pertence ao homem.

Ora, quando o homem se opõe aos planos de Deus, faltando à Verdade, à Justiça, ao Amor, então entra ele na zona da culpa (ou pecado), cujo reverso se chama pena (sofrimento). Pela culpa tenta o homem afastar-se de Deus; pela pena é ele levado a aproximar-se de Deus. Pela culpa tenta o homem desequilibrar o equilíbrio do Universo — pela pena reequilibra ele esse desequilíbrio subjetivo. Dizemos "subjetivo", porque um desequilíbrio objetivo é absolutamente impossível; se possível fosse, deixaria Deus de ser soberano e onipotente e deixaria o Universo de ser um "cosmos", para se converter num "caos".

A culpa é algo negativo, como negativa é também a pena, o sofrimento.

O negativo da culpa provoca infalivelmente o negativo da pena. Negativo produz negativo — é esta, por assim dizer, a "homeopatia cósmica" do Universo. Por outro lado, positivo produz positivo.

O mal provindo do sujeito (culpa) produz o mal provindo do objeto (pena).

O bem nascido do sujeito (amor) produz o bem nascido do objeto (gozo).

Se eu assumo atitude negativa, má, em face de outros componentes do Universo, odiando — o Universo assumirá atitude negativa contra mim, fazendo-me sofrer.

Se eu assumir atitude positiva, boa, em face de qualquer componente do Universo, amando — o Universo assumirá atitude positiva a meu favor, fazendo-me gozar.

Só assim é possível manter o equilíbrio estável do Universo.

Toda a sabedoria do homem está, portanto, em nunca assumir atitude negativa, mas sempre atitude positiva em face do Universo e qualquer dos seus componentes. É supinamente absurdo alguém pensar que, arremetendo com a cabeça contra o Himalaia, possa derrubar essa gigantesca montanha, embora consiga talvez deslocar uma ou outra pedrinha insignificante, a qual, mesmo assim, continuará a ser parte integrante do Himalaia. Toda a sabedoria consiste em que o homem, espontaneamente, harmonize a sua atitude subjetiva com a eterna e indestrutível Realidade objetiva do Universo; que sintonize o seu pequeno querer e agir com o grande Querer e Agir de Deus.

Crear qualquer negativo de culpa equivale a provocar um negativo de pena ou sofrimento.

Crear um positivo de amor equivale a provocar um positivo de gozo.

Pecado gera sofrimento.

Amor gera felicidade.

"Com a mesma medida com que medirdes medir-se-vos-á."

Quem nos mede com a mesma medida é a inexorável retitude da Constituição Cósmica, a qual, todavia, se manifesta, geralmente, através de seus agentes concretos, a natureza ou os homens. A natureza e os homens são os representantes da eterna Verdade e Justiça. Quem se opõe a essa Verdade ou Justiça terá de sofrer — quem harmoniza com essa Verdade e Justiça há de gozar.

Verdade é que essa consequência, negativa ou positiva, nem sempre aparece imediatamente; mas o seu aparecimento é infalível, mesmo que tarde decênios, séculos ou milênios, porque em hipótese alguma pode a ordem do Universo, subjetivamente negada pela culpa ou afirmada pelo amor, deixar de agir no mesmo sentido, negativo ou positivo, produzindo sofrimento ou gozo.

Ser mau equivale a ser infeliz. Ser bom equivale a ser feliz.

❖

"Estreita é a porta e apertado o caminho que conduzem à vida eterna"

Palavras equivalentes a estas aparecem inúmeras vezes, e com grande insistência, na doutrina de Jesus, como aliás de todos os grandes mestres espirituais da humanidade. Estreita é a porta e apertado o caminho que conduzem à vida eterna — ao passo que larga é a porta e espaçoso o caminho que levam à morte eterna. Difícil é a salvação — fácil a perdição do homem.

A vida eterna, isto é, a imortalidade do nosso Eu, é o que há de mais largo e espaçoso em si mesmo, porque é o próprio Infinito e Eterno — mas o processo de realizarmos em nós, individualmente, esse estado é tão árduo que poucos o conseguem, pelo menos na existência terrestre.

De infinita alegria e felicidade é a meta — de grandes lutas e sofrimentos é o método.

Donde vem essa dificuldade?

É porque se trata da transição de um estado da nossa vida já antigo, conhecido e fácil, que é a experiência do nosso ego físico-mental — para outro estado, novo, quase totalmente desconhecido, e por isso difícil, ao menos no seu início. Pode a continuação ser fácil, mas toda a iniciação é difícil. Um violinista *virtuose*, um "iniciado" nessa arte, não encontra dificuldades em tocar com perfeição a mais difícil das músicas — mas um violinista principiante, um "iniciando", tem de concentrar o máximo da sua atenção e do seu esforço mental para acertar as notas. O que para aquele é gozoso, para este é ainda doloroso. Amar os inimigos é fácil para o Cristo, porém dificílimo para qualquer discípulo do Cristo não cristificado.

"Discípulo" e "disciplina" vêm da palavra latina *"discere"*, que quer dizer "aprender". O que é fácil e gozoso para o Mestre é difícil e doloroso para o aprendiz.

Tudo que se refere às atividades do nosso ego *personal* — no mundo dos sentidos, da mente e das emoções — é fácil para nós, porque é rotina de longa data, que corre sobre trilhos previamente alinhados, foi praticado durante anos e decênios por nós individualmente, e por muitos milênios pela humanidade considerada como espécie coletiva. Todo homem normal acha fácil e gozoso comer, beber, dormir, fruir prazeres sexuais; é fácil e deleitável adquirir e possuir bens materiais, conservá-los e aumentá-los cada vez mais; essa incessante caça à matéria morta ou à carne viva é o alfa e ômega da imensa maioria dos homens que conhecemos. É fácil e fascinante ouvir elogios, ser estimado, amado, aplaudido como um super-homem, talento ou gênio, porque tudo isto acaricia nosso velho ego físico, mental e emocional. Nesta zona não se requer "disciplina", isto é, arte de "*discere*", de aprender, porque todas estas coisas se desenrolam em nós com automática facilidade.

Entretanto, é difícil e doloroso abrir mão das nossas posses materiais, dos nossos prazeres sensuais, dos elogios e da estima de nossos semelhantes, porque estas coisas se referem, não ao nosso Eu espiritual — que é, para a maior parte dos homens, uma grande incógnita, talvez um objeto de crença, mas para pouquíssimos experiência própria — mas ao pequeno ego. Aqui se requer "disciplina", a arte de aprender, de ser aprendiz ou discípulo. É psicologicamente claro que o homem não pode gostar de algo que ignora e que não pode ter facilidade de algo que não praticou; faltam os trilhos alinhados e falta também o volante da máquina que suavize os movimentos. É "porta estreita e caminho apertado".

Os grandes mestres espirituais conheciam de experiência própria, de prática diuturna, essa zona maravilhosa, e, em face da sua fascinante grandeza e beleza, perdiam o interesse pelas coisas primitivas do mundo externo, que, para os ignorantes e inexperientes, forma o cobiçado alvo da lufa-lufa cotidiana. Eles são os sapientes e universitários do espírito — nós, os insipientes e analfabetos da grande realidade. Os verdadeiros "realistas" são esses grandes iniciados no mundo da suprema e única Realidade — nós, os "irrealistas" ou "pseudorrealistas". Todo homem fascinado pelo mundo objetivo é irrealista, embora, lá na sua profunda ignorância, ele se tenha em conta de realista e considere o homem espiritual como irrealista e sonhador de miragem.

Um homem boçal, habituado a se divertir em tavernas infectas e clubes de ínfima categoria, não compreenderia o "mau gosto" dos que se deliciassem numa sociedade de artistas ou filósofos; não possui antena receptiva para tão altas vibrações.

* * *

Entre a experiência do nosso velho ego e a experiência do nosso novo Eu (embora antiquíssimo em si) pode o homem assumir uma de duas atitudes, diametralmente opostas uma à outra: pode assumir a atitude de crer ou a atitude de não crer naquilo que ainda ignora e desconhece.

A atitude de crer é algo intermediário entre a simples experiência físico-mental do velho ego e a experiência espiritual do novo Eu; é algo equidistante desta e daquele polo extremo. A experiência do ego baseia-se nos sentidos e no intelecto (tanto mental como volitivo) — ao passo que a experiência do Eu nasce da razão espiritual, a alma, o espírito de Deus no homem. A inteligência tem a tendência irresistível de investigar o mundo externo dos objetos, podendo até invadir as zonas extratelúricas, lançando satélites e planetas para os espaços siderais, ou devassar fisicamente esses espaços. A razão espiritual não está interessada nessa investigação do mundo externo das quantidades, mas vai em demanda do mundo interno da qualidade, porque, na sua profunda sabedoria, ela sabe que as quantidades são derivadas e ilusórias, ao passo que a qualidade é original e verdadeira.

Ora, entre esta sabedoria e aquela ignorância, entre o não saber e o saber, está o crer, o misterioso mundo da fé, no sentido teológico, que consiste num ato de boa vontade, da aceitação de algo de cuja realidade não se tem ainda experiência direta. Fé, na linguagem de Jesus, é idêntica à experiência, isto é, um contato direto com a Realidade, mediante a intuição da razão espiritual, ou revelação divina.

O nosso crer, a fé teológica, é, sobretudo, um ato volitivo, uma atitude da nossa vontade. Crer é querer. O crer ultrapassou o inteligir mental, mas ainda não atingiu o compreender racional, que é o saber (ou saborear) espiritual. Quando o homem compreende racionalmente, sabe ele como o mundo sabe, porque lhe tomou o sabor pela experiência imediata. O verdadeiro sapiente ou santo é aquele que saboreia o mundo espiritual, e por isso é o único que realmente sabe do sabor do mundo de Deus.

Mas essa transição do crer volitivo para o saber espiritual exige uma disciplina intensa e diuturna, porque há entre o crer e o saber um abismo imenso ou uma montanha altíssima a superar. É própriamente aqui a "porta estreita" e o "caminho apertado". A transição do não crer para o crer é fácil quando comparada com a transição do crer para o saber. Pode o homem profano, o descrente, passar a ser um crente, mas apesar disto continuar a ser um profano. O descrente é um profano de má vontade, o crente é um profano de boa vontade — mas ambos são profanos, porque nenhum deles sabe experiencialmente o que é aquilo em que ele crê ou de que descrê. A profanidade desponta para além de todas as trevas das descrenças e de todas as penumbras das crenças, porque ela é o dia radioso do saber integral, direto, imediato, da própria Realidade, que é o Deus eterno e infinito.

Crer é algo penúltimo — saber é último.

É necessário crer — mas é insuficiente crer.

Ninguém pode saber sem que primeiro creia. Ninguém pode dar o último passo sem passar pelo penúltimo.

Se é difícil para o homem inteligente crer — dificílimo é para o homem crente saber.

O simples entender ou inteligir mental é a vida ideal do ego; é nessa zona da ciência intelectual que o homem profano vive e se diverte habitualmente, e nessa zona pode a personalidade luciférica celebrar os seus maiores triunfos, pode chegar mesmo ao mais intenso satanismo antiespiritual, se quiser.

Esse simples inteligir mental é perfeitamente compatível com o não crer, e, quando unilateral, leva mesmo à descrença total.

Com o despontar da crença, do crer volitivo, começa uma espécie de agonia para o orgulhoso inteligir mental, porque este se vê obrigado a aceitar algo que ele não pode analisar cientificamente, o que é humilhante para o intelecto.

Mas essa agonia não termina em morte total do ego.

Essa morte total só se dá com a transição do crer para o saber.

O sapiente morreu tanto para a inteligência como para a crença. Deixou de ser um inteligente e deixou de ser um crente. A sua sapiência experiencial da suprema Realidade devorou todas as irrealidades e semirrealidades inferiores, do plano de inteligir e do crer.

Esse homem é um grande liberto, um verdadeiro redento, um liberto, redimido da velha escravidão do mundo dos objetos em que se movem os inteligentes e os crentes. Esse homem deixou de ser profano, e se tornou iniciado, o que não quer dizer que seja um homem plenamente realizado. Iniciado é aquele que fez um início, isto é, que abandonou os seus zigue-zagues oscilantes e incertos e pôs o pé no princípio de uma linha reta que o levará rumo ao seu destino final.

Muitos são os profanos.

Poucos os iniciados.

Pouquíssimos os realizados.

Aqui no planeta Terra temos notícia de um único homem plenamente realizado, liberto e redento da ilusão dos objetos, e por isso mesmo Redentor, Filho de Deus e Filho do Homem.

* * *

Por que é tão difícil passar do inteligir para o crer e do crer para o saber?

Porque o inteligir ou entender mental é terreno batido, conhecido e firme — ao passo que o crer é terreno misterioso, incerto — e saber é um mundo totalmente ignoto para a maior parte dos homens, mesmo os crentes. Ora, a lei da conservação exige que pisemos terreno conhecido e garantido; do contrário, corremos perigo de deixarmos de existir. Não sacrificar o certo pelo incerto — é imperativo categórico da biologia em todos os setores da vida.

Se não houvesse, nas profundezas da natureza humana, algo que nos garantisse a existência para além das fronteiras do inteligir, não deveria o homem cruzar essa perigosa fronteira mental.

Para o animal, até o inteligir, se dele fosse capaz, representaria um perigo, porque a ele só o sentir é que lhe dá segurança vital de existência. O inteligir seria, para o animal, uma espécie de suicídio — assim como o crer é um suicídio para o homem simplesmente inteligente — e o mais completo suicídio, ou egocídio, é a transição do crer para o saber. Quem quiser, a todo o transe, conservar essa sua vida de crente não pode entrar na vida do sapiente — assim como um feto humano que se recusasse a "morrer" para a vida intrauterina não poderia viver a sua vida própria fora das entranhas maternas.

O profano não é ainda concebido.

O crente é concebido, porém não nascido; apenas nascituro.

O sapiente é um nascido, um pleninato.

A fé, o crer, é uma ponte misteriosa entre um mundo conhecido e um mundo desconhecido; é uma visão longínqua da suprema e única Realidade; é a voz da nossa origem, o eco do Infinito dentro do nosso finito.

O heliotropismo da planta, que a leva a voltar-se sempre ao sol, mesmo quando este se acha oculto por detrás das nuvens, ou não emergiu ainda do horizonte, esse heliotropismo (como a própria palavra indica) é a voz do sol dentro da planta; pois a planta é filha do sol; ela é luz solar em estado potencial. O heliotropismo é o eco solar dentro da vida da planta, que anseia pelo sol porque veio do sol e vive do sol. Para a planta heliotrópica, o sol é ao mesmo tempo transcendente (atual) e imanente (potencial). A planta, por assim dizer, crê no Sol, e por isso pode crescer, porque o seu crescimento é uma progressiva lucificação, um processo solar dentro da filha do sol.

Ora, sendo o homem essencialmente divino — embora a consciência da sua divindade se ache, por ora, em estado potencial de latência —, pode a voz de Deus acordar nele o eco ou a reminiscência da sua origem divina. Quando o homem escuta em si essa voz de Deus, que é a voz do seu verdadeiro Eu, então ele crê, tem fé. E esse crer é o primeiro passo para o saber.

* * *

Que falta ao crer para culminar em saber?

Falta o mais apertado de todos os caminhos, falta a mais estreita de todas as portas — falta que o homem passe pelo "fundo da agulha", despojando-se de tudo que ele tem e ficando só com aquilo que ele é. "Quem quiser ser meu discípulo renuncie a tudo que tem."

Esse desnudo SER, livre de todas as impurezas do TER, é que é o passo mortífero que leva à vida eterna.

Todo homem que passa por essa morte mística entra na vida eterna.

Todo homem que se recusa a passar por essa morte mística cai vítima da morte eterna...

❖

"Quem ouve estas minhas palavras e as realiza..."

O Sermão da Montanha — esse maior documento de espiritualidade que o mundo conhece — termina de um modo solene e majestoso, como os derradeiros acordes duma grande ópera ou sinfonia.

"Quem ouve estas minhas palavras e as realiza assemelha-se a um homem sábio que edificou a sua casa sobre rocha; desabaram aguaceiros, transbordaram os rios, sopraram os vendavais e deram de rijo contra essa casa, mas ela não caiu, porque estava construída sobre rocha.

Mas quem ouve estas minhas palavras e não as realiza, esse se assemelha a um homem insensato que edificou a sua casa sobre areia; desabaram aguaceiros, transbordaram os rios, sopraram os vendavais e deram de rijo contra essa casa, e ela caiu, e foi grande a sua queda."

Aí está: tanto o sábio quanto o insensato ouvem as palavras do grande Mestre; mas um as realiza, e o outro não as realiza. A diferença não está no ouvir, na teoria, mas em realizar. Ter grandes ideias na cabeça e belos ideais no coração — é compatível com uma grande ruína, com um fracasso total da existência humana, caso esses conhecimentos não se concretizem em obras.

O que resolve não é ouvir — é realizar.

Ouvir é gostoso e inofensivo, e por isso são muitos os que gostam de ouvir as palavras dos grandes mestres da humanidade. Ter grandes ideias na cabeça e belos ideais no coração é tão suave e agradável; pode até granjear-nos a fama de filósofos e poetas, ou mesmo produzir nos inexperientes a impressão de sermos místicos e santos. Acontece mesmo que as palavras do homem sejam a "imagem especular" da sua vida, que ele sinta a necessidade de dizer coisas espirituais para compensar a sua falta de espiritualidade interna. Quando se coloca diante do espelho uma escrita qualquer, ela aparece invertida; para que apareça direita, é necessário invertê-la no papel.

Quando as ideias e os ideais passam da cabeça e do coração para as mãos, os pés, a vida total, então eles passam como que por uma crucificação, descendo da vertical e cruzando a horizontal dos atos. E essa crucificação é necessária para que as ideias e os ideais frutifiquem em atos.

Ideias e ideais, embora necessários, são como areia, movediço areal, sobre o qual ninguém pode construir casa sólida e garantida. Em tempo de bonança, essa areia parece resistir; mas sobrevenham tempestades, sofrimentos, decepções — e as areias das ideias e dos ideais cedem ao embate, e o edifício da espiritualidade rui por terra, e será grande a sua ruína.

Só a prática real e constante da doutrina do Cristo garante experiência profunda, e só essa experiência vital da alma do Evangelho é que é rocha viva para o edifício da nossa espiritualidade.

* * *

"Quem realiza estas minhas palavras é um sábio"... O Sermão da Montanha termina com um veemente apelo para uma realização creadora do seu conteúdo. Pode o homem profano ser um talento criativo ou produtivo, mas o homem iniciado na suprema Verdade é um gênio creador, que manifesta em existência individual a Essência Universal. A produtividade do ego humano é uma simples continuação e transformação de algo já existente, "remendo novo em roupa velha", ao passo que a creatividade do Eu divino é um novo início, uma iniciação, uma iniciativa realizadora, uma "nova creatura em Cristo".

A palavra "realizar" (em grego, *poiein*), que encerra esse documento máximo da espiritualidade, é a mesma que aparece no Gênesis, quando os Elohim crearam os mundos, palavra que indica o poder creador pela qual a Infinita Essência fez emanar de si as Existências Finitas. O resultado dessa creação é chamada *poiema*, que é o poema cósmico do Universo.

Desse modo deve o verdadeiro discípulo do Cristo realizar creativamente a alma do Sermão da Montanha em todos os setores da sua vida.

Fiat lux...

Quem realiza esta mensagem é um homem sábio, univérsico, que construiu a casa da sua vida sobre rocha viva, desafiando tempestades e terremotos.

❖

Aconteceu entre os anos 2000 e 3000

Visão de uma humanidade com a bomba atômica e sem o Cristo

Explicações necessárias

Aconteceu entre os anos 2000 e 3000 — visão duma humanidade com a bomba atômica e sem o Cristo — é um opúsculo de 32 páginas, formato 13, 5 x 17, 5, escrito em 1955 pelo filósofo e educador Huberto Rohden.

O assunto do pequeno livro é a celebração do advento da segunda vinda do Cristo ao planeta Terra, entre os anos 2000 e 3000 de nossa Era. A história é uma fábula moderna contada com simplicidade e dirigida a crianças e adultos de todas as idades.

O conciso texto estava fora de circulação havia vários anos, e como sempre constou da relação das obras completas do autor, a editora recebia, anualmente, dezenas de pedidos do referido opúsculo.

Ao publicarmos, agora, esta edição de *O Sermão da Montanha*, de Huberto Rohden, aceitamos a sugestão de nosso Departamento Editorial para incluir, no final do livro, como texto complementar, o solicitado *Aconteceu entre os anos 2000 e 3000*, de autoria do mesmo autor. Os textos são altamente complementares, o que não prejudica a narração principal.

Esta Editora, que tem, entre outras, a missão de difundir as obras de Huberto Rohden, considera-se gratificada em poder conservar e oferecer aos seus leitores este pequeno livro que corria o risco de desaparecer. Certamente não havia outro melhor lugar para ele tornar--se obra de frequente leitura e garantia de perpetuidade redacional. Ganha o leitor, o autor e o editor.

❖

1. Era pelo ano 2000...

Andava a humanidade inteira numa atividade febril, com grandiosos preparativos para celebrar condignamente o ocaso do segundo e a alvorada do terceiro milênio da era cristã.

Eis senão quando, de improviso, corre por todos os recantos do globo terráqueo a inaudita notícia do próximo reaparecimento do Cristo sobre a face da Terra! Ninguém compreendia bem o processo como essa mensagem do além fora captada pelos laboratórios eletrônicos do fim do século vinte; somente um pugilo de cérebros privilegiados estava a par do enigma e afirmava com certeza categórica que o Cristo voltaria ao mundo, visivelmente, no início do terceiro milênio, a fim de verificar o que os homens que se diziam discípulos dele haviam feito do seu divino Evangelho.

Mal fora essa alarmante notícia divulgada pela imprensa, pelo rádio e pela televisão, quando os chefes civis e religiosos do Ocidente cristão se reuniram em assembleia extraordinária, na Capital Planetária, para deliberar o que convinha fazer em face de tão inesperado acontecimento. Todos concordaram em que a situação era sumamente crítica, espécie de terremoto, que poderia vir a abalar os alicerces de instituições milenares.

Após prolongados debates, decretou-se por unanimidade de votos que, pelo bem da paz e da ordem mundiais, fosse impedida a invasão do Cristo em nosso mundo civilizado, sobretudo no Ocidente cristão, onde o perigo se apresentava mais agudo e funesto. No caso, porém, que fosse de todo impossível frustrar essa entrada do Cristo em nosso mundo — pois ninguém ignorava as forças estranhas de que ele dispunha —, seria nomeado um corpo de polícia e de detetives especiais para vigiar rigorosamente todos os passos do perigoso intruso, a fim de evitar que pusesse em perigo, com suas ideias revolucionárias, as respeitáveis instituições civis e religiosas da civilização ocidental.

Mas, a despeito de todas as medidas de precaução — eis que, na madrugada do dia 1º de janeiro do ano da redenção 3000, aparece, em plena praça pública da Capital Planetária, uma personagem estranha, que, sem tardança, foi presa pela polícia especializada e levada às barras do Supremo Tribunal Mundial para o competente interrogatório.

Exigiram do incógnito invasor a exibição da competente carteira de identidade ou passaporte, mas ele não possuía documento algum que não fosse ele mesmo. Interrogado pelo Presidente do Supremo Tribunal se ele era Jesus, o Cristo, fundador do cristianismo, respondeu o recém-chegado:

— Sim, sou Jesus, o Cristo, mas não sou o fundador do cristianismo a que aludes.

Perguntaram-lhe se ele era o líder espiritual dos cristãos, ao que o prisioneiro replicou, com a mesma calma e precisão:

— Eu sou o Cristo, mas não sou cristão.

— Que vens fazer aqui na terra?

— Vim reafirmar o que afirmei no primeiro século.

A essa resposta, um frêmito de horror e indignação perpassou as linhas dos delegados dos Estados e das Igrejas cristãs, que integravam a Assembleia Planetária.

— Mas não sabes, porventura — exclamou um dos ministros religiosos —, que não estamos mais no primeiro século? Não compreendes que as tuas ideias de então foram, há muito tempo, superadas e modificadas pela civilização cristã de vinte séculos, e que nenhum cidadão esclarecido da Era Atômica reconhece a praticabilidade das máximas do teu Evangelho?

— Passarão os céus e a terra — respondeu calmamente o interpelado —, mas não passarão as minhas palavras. Veio ao mundo a luz verdadeira, mas os homens amaram mais as trevas que a luz, porque as suas obras eram más...

Ouviram-se no seio da preclara assembleia frêmitos de indignação, seguidos por um longo silêncio embaraçado. Finalmente, um Promotor Público ornado de veneranda cabeleira e barba branca adiantou-se e, em tom amigável, disse ao Nazareno:

— Sugiro um acordo. Proclamarás novamente o teu Evangelho, naturalmente sob o controle da nossa Comissão; mas não repetirás nada daquilo que disseste no chamado Sermão da Montanha. Compreenderás que esse documento é por demais incompatível com os elevados padrões da nossa cultura e civilização ocidental. Se bem me recordo, exigiste dos teus discípulos, entre outras coisas estranhas e revoltantes, que amassem os seus inimigos e fizessem bem a seus malfeitores; chegaste ao ponto de dizer que, se alguém nos ferisse numa face, lhe apresentássemos também a outra; e que o homem, em vez de reclamar pelas vias legais uma túnica roubada, cedesse ao ladrão também a capa. (Risadas sutis na assembleia.) Ora, Jesus, todos nós sabemos que tu és um homem inteligente e bem capaz de compreender que semelhante filosofia é por demais fantástica, para não dizer positivamente deletéria, não podendo ser divulgada em pleno século da eletrônica e da física nuclear.

O orador abriu uma pausa, a fim de dar ensejo ao acusado para se defender e definir atitude. Ele, porém, permaneceu calado. Ao que o Promotor deu sinal a um dos secretários da assembleia, o qual deixou a sala e, dentro em breve, voltou carregando nas duas mãos, cautelosamente, um objeto alongado, de cor escura, que colocou sobre a mesa. O orador apontou para o estranho engenho e perguntou a Jesus:

— Sabes o que é isto?

E, como o interpelado continuasse calado, o orador prosseguiu:

— Logo pensei que não o sabias, porque no primeiro século não existia ainda essa maravilha da nossa ciência e técnica. Pois saiba que isto é uma bomba atômica de hidrogênio. Não chega a pesar 10 quilos, mas, se este aparelho for levado por um dos nossos aviões teleguiados e solto sobre qualquer cidade do globo, não escapará um único ser vivo, nem ficará de pé um só edifício — será tudo arrasado e totalmente desintegrado na fração de um segundo. A nossa ciência bélica de hoje é benigna: está em condições de matar milhares e milhões de seres humanos em menos de um segundo, poupando-lhes todo e qualquer sofrimento, porque não sobra tempo para alguém sentir esse aniquilamento instantâneo. Tu mandaste amar os inimigos para acabar com eles — nós, porém, descobrimos um meio muito mais seguro e eficiente para acabar de vez com milhares e milhões de inimigos nossos. É um processo rápido e infalível, ao passo que o teu preconizado processo de acabar com os inimigos amando-os é incerto e moroso, além de expor os teus discípulos ao perigo de serem mortos por aqueles a quem não quiseram matar.

O orador tomou um gole d'água, ou coisa equivalente, enquanto a assembleia apoiava vivamente as ideias expostas.

* * *

Nisto pediu a palavra um dos maiores teólogos cristãos da época, cuja rigorosa ortodoxia era notória no mundo inteiro. Disse:

— Para que não penses, Jesus, que essas ideias sejam coisas de profanos, vou citar a opinião de um dos grandes santos da nossa igreja, Tomás de Aquino; deves tê-lo encontrado no céu, onde ele está desde o século XIII, conforme declaração oficial do magistério infalível da nossa igreja.

O orador tirou das prateleiras de uma biblioteca próxima dois alentados volumes, abriu-os em determinada página e colocou-os sobre a mesa da assembleia, dizendo:

— Conheces a *Summa Theologiae* e a *Summa contra Gentiles* do nosso incomparável *Doctor Angelicus*? Sei que não costumavas ler nem escrever livros como nós; por isto vou explicar resumidamente o que o maior teólogo de nossa igreja escreveu, em latim, a respeito da proibição de matar. Em geral, diz ele, é claro que não se deve matar ninguém. Mas, há casos em que matar não só deixa de ser pecado, mas até se torna dever de consciência cristã. O nosso grande e santo teólogo especifica quatro casos em que não é pecado matar outro homem, ou melhor, outros homens, porque o número não modifica a espécie: 1) em caso de legítima defesa, 2) em caso de guerra justa, 3) pode a autoridade civil condenar à morte os grandes criminosos, 4) pode o magistério eclesiástico permitir que sejam punidos com a morte os hereges impenitentes.

Que dizes em face disto? Negarás que Tomás de Aquino tinha razão, tanto mais que sua doutrina foi repetidas vezes aprovada e recomendada por nossa igreja infalível? Sei que no teu Sermão da Montanha rejeitas categoricamente a liceidade do homicídio, em todos os casos alegados; nem mesmo permitiste a Simão Pedro, nosso representante de então, que matasse ou ferisse um dos teus injustos agressores, no Horto das Oliveiras. Mas, em que iam parar as coisas se nós adotássemos a tua doutrina de "não vos oponhais ao malévolo"? Preferimos à filosofia absurda do teu Evangelho a política sensata de teu discípulo Pedro.

Não venhas, pois, proclamar novamente princípios incompatíveis com milhares de grandiosas instituições que, em teu nome, erigimos sobre a face da Terra, nesses dois milênios de cristianismo... Não exijas de nós que regressemos à obscuridade do primeiro século; aceita antes as luzes do século vinte, que hoje transmitimos aos nossos herdeiros do terceiro milênio.

* * *

O silêncio com que o Nazareno ouviu tudo isto dava à assembleia a impressão de que ele estivesse reconsiderando a sua atitude, disposto a mudar de ideia. Por isso, levantou-se, finalmente, a maior autoridade em Ciências Econômicas e Sociais da época e, aproximando-se do prisioneiro, disse-lhe em voz cariciosa e quase suplicante:

— Escuta um conselho de amigo sincero, Jesus de Nazaré. No tempo em que tu apareceste na terra reinava violento conflito de classes e de raças. Havia muitos escravos e poucos senhores, mas estes poucos oprimiam aqueles muitos. Os escravos não tinham direito algum, mas tinham todas as obrigações; os senhores não tinham obrigação alguma, mas tinham todos os direitos, até o de matar os escravos por simples capricho. Tudo isto acabou em nossa sociedade democrática. Proclamamos a igualdade dos direitos humanos. A humanidade de hoje é constituída de duas classes apenas, mas ambas com os mesmos direitos: os exploradores e os explorados. Não te escandalizes com estas palavras, que uns chamam feias. É indispensável que haja classes; do contrário, não seria possível o princípio da divisão do trabalho. O principal é que ambos tenham os mesmos direitos essenciais e eternos. Temos o cuidado de frisar essa igualdade de direitos, prometendo a ambos o reino dos céus. É esta uma das maiores conquistas da nossa ideologia social cristã.

Aos exploradores prometemos-lhes o reino dos céus, com a condição de que façam reverter parte do produto das suas atividades para fins de beneficência ou religião; e eles concordam conosco, entregando-nos regularmente boa porcentagem da renda das suas manobras com a outra classe. São nossos amigos e benfeitores.

Aos explorados, porém, dizemos: Aguentai por mais alguns anos os vossos sofrimentos e a exploração dos poderosos! Sofrer é destino geral da humanidade... O sofrimento é a chave do céu... "Bem-aventurados os que sofrem injustiças, porque deles é o reino dos céus!" Quanto mais alguém sofre mais amigo é de Jesus, o rei dos sofredores... Tereis como herança uma felicidade eterna, daqui a pouco...

Destarte, conseguimos narcotizar a consciência dos revoltados, e eles se acomodam à situação, e até nos agradecem a consolação que lhes damos.

Se não houvesse miséria social não poderíamos exercer a caridade cristã, necessária para a salvação; por isso criamos a miséria, a fim de podermos exercer a caridade.

Como vês, Jesus, conseguimos equilibrar jeitosamente as duas classes de que se compõe a sociedade cristã do Ocidente: os exploradores e os explorados. Não venhas agora destruir com o teu Evangelho o que nós construímos com a nossa teologia. Revolução não resolve nada — o que vale é paciência e pacifismo.

Quieta non movere! — Não mexer no que está quieto! Este provérbio antigo serve de norma às nossas atividades. Deixa, pois, tudo como está para ver como fica...

* * *

Já parecia estar esgotado o assunto, quando se levantou um homem venerando coberto de imaculada veste talar de seda branca, e com tríplice coroa na cabeça, e, com voz e gestos lentos e compassados, disse:

— Amigos e colegas. Peço vênia para finalizar a questão central da nossa assembleia. Falastes da necessidade de modificarmos o Evangelho do Nazareno em diversos pontos para o adaptarmos às exigências vitais da nossa época, e excusado é dizer que concordo plenamente com vossos critérios. Parece, todavia, que vos esquecestes de que nós, eu e minha igreja, já realizamos em grande parte essas modificações, graças à perspicácia e sagacidade dos nossos eminentes teólogos, desde a Idade Média até nossos dias.

Entretanto, não focalizamos ainda devidamente, na presente assembleia, o ponto central do qual depende todo o resto. Ninguém ignora que vivemos na época do capitalismo triunfante. Nada se faz sem dinheiro. Não são os governos que decretam ou fazem cessar as guerras a que vos referistes — são os magnatas das finanças, são os grandes capitalistas. Sem eles, não haverá guerra; quando eles quiserem, a guerra cessará. São eles que fabricam as armas, são eles que alimentam os combates.

Ora, o Nazareno não compreende sequer o *abc* do capitalismo. Se o deixarmos entrar em nosso mundo moderno, vai proclamar de novo, como já fez ver, os princípios obsoletos do primeiro século. Vai, por exemplo, repetir o que disse naquele tempo — "Dai de graça o que de graça recebestes!" "Não leveis nem ouro nem prata em vossos cintos!" "Não podeis servir a dois senhores: a Deus e ao dinheiro!"

Durante os três primeiros séculos que se seguiram à morte do

Nazareno, os discípulos dele tentaram realizar essa infeliz filosofia espiritual — e todos sabem que acabou em desastre e fracasso total. A Igreja cristã, em vez de dominar o mundo, vivia perseguida e teve de refugiar-se debaixo da terra, às catacumbas, sem o direito de respirar o ar livre de fora nem ver a luz do sol. Será isto que se chama o triunfo do reino de Deus?

Felizmente, em princípios do quarto século apareceu o grande libertador, o imperador Constantino Magno, fundador e patrono da nossa igreja. Tirou dos subterrâneos de Roma a igreja mendiga e anônima e fez dela a maior potência política e financeira dos séculos. Colocou os seus chefes nos altos pináculos da administração pública, deu-lhes prestígio social e político, poder financeiro e militar — e a Igreja compreendeu que era muito melhor dominar do que sofrer, melhor perseguir seus inimigos com as armas na mão do que ser por eles perseguida e trucidada. Foi com isto que começou o triunfo do reino de Deus sobre a face da Terra. Desde o tempo de Constantino Magno, através de Carlos Magno (século VIII) até Gregório Magno (século XIII), os meus predecessores foram de triunfo em triunfo, até se tornarem senhores únicos do mundo religioso e civil da Europa. Depois desse tempo, em virtude de ideias heréticas que surgiram, perdemos o nosso poder militar e parte do nosso prestígio político; já não podemos organizar Cruzadas e guerras religiosas contra os infiéis; até nos foi proibido lançar às fogueiras do Santo Ofício os hereges impenitentes. Entretanto, por vias travessas, reconquistamos o poder mundial, dominando as consciências humanas com ameaças de eterna condenação, e, graças a esse domínio moral das almas, conseguimos dominar também os corpos e reconquistamos vasto prestígio nos setores da política e das finanças internacionais. Basta dizer que os meus embaixadores estão em todos os países do globo e gozam de extraordinárias regalias. Em tempos antigos, os teus discípulos, ó Nazareno, procuravam ser "simples como as pombas", como dizias na tua linguagem poética; nós preferimos cumprir a outra metade do teu ditado, sendo "sagazes como as serpentes".

Ora, nada do que fizemos teria sido possível sem o prestígio político e o poder do dinheiro. Disseste, Jesus, que ninguém pode servir a dois senhores, a Deus e ao dinheiro — nós desmentimos a tua filosofia unilateral e provamos pelos fatos que é possível conciliar esses dois senhores, e que esse congraçamento das coisas de Deus e das coisas de César promove muito mais a causa sagrada do cristianismo do que a tua ingênua filosofia irrealista. Basta dizer que o nosso clero, por meio das funções sacramentais e da liturgia eclesiástica em geral, colhe diariamente, no mundo inteiro, cerca de 500 milhões de dólares, para fins religiosos e caritativos — e outros que não interessa especificar. Para o recente Congresso Eucarístico Internacional celebrado numa das capitais da América do Sul arrancamos aos cofres públicos e ao bolso dos nossos fiéis mais de um bilhão de cruzeiros, dos quais gastamos uns 40 milhões na organização do Congresso, e ganhamos o lucro líquido do resto. Imagina, Jesus, quanto nos rendem sem cessar aquelas tuas benditas palavras: "Isto é o meu corpo, isto é o meu sangue!". E que desastre seria para as nossas finanças se o povo deixasse de crer piamente na tua presença real sob as aparências de pão e de vinho! Que seria do nosso clero se não fizesse o povo crer no milagre diário da transubstanciação, do qual nós possuímos o monopólio exclusivo!... Felizmente, os nossos teólogos têm meios e modos para impedir semelhante desastre...

Por isso, Jesus, não venhas agora arruinar os nossos negócios com a proclamação dos princípios que figuram no teu Evangelho. Teu distinto discípulo, Iscariotes, adivinhava obscuramente o que nós, hoje em dia, sabemos com meridiana clareza; por isto quando, na sua clarividência, viu fracassar o teu idealismo imprático, ele, homem prático, quis salvar ao menos o que ainda se podia salvar. Aquelas trinta moedas de prata que ele ganhou com a sua perspicácia político-financeira podem ser consideradas como a primeira contribuição para esse gigantesco acervo de valores econômicos que a igreja cristã possui em nossos dias, valores sem os quais o triunfo do reino de Deus entre os homens não passaria de um sonho vão.

As massas ignaras, é verdade, continuam a considerar o cristianismo como um ideal puramente religioso — e convém seja mantida essa ignorância das massas — foi com este fim que instituímos o *Imprimatur* dos livros, as penalidades e excomunhões eclesiásticas. As massas amorfas não estão em condições de acompanhar a marcha da evolução das coisas. A igreja somos nós, os chefes hierárquicos, a Igreja docente — as massas são apenas a igreja discente, como um apêndice inerte e passivo.

É, pois, conselho de amigo bem-intencionado, Jesus, que não voltes a proclamar os teus velhos princípios antieconômicos. Do contrário, nós, os chefes responsáveis da igreja cristã, nos veríamos obrigados a fazer o que os nossos colegas, os hierarcas da igreja de Israel, fizeram naquele tempo, quando te arvoraste em revolucionário e demolidor de instituições eclesiásticas seculares, pagando com a morte a tua rebeldia. Sê prudente, Jesus! Não entres em nosso mundo, onde não há lugar para ti! Deixa-nos promover sem ti, ó Cristo, os interesses do nosso cristianismo! O nosso povo cristão — salvo raras exceções — já está devidamente imunizado contra os assaltos do teu espírito. Quem foi vacinado com o soro da nossa teologia eclesiástica deixa de ser alérgico ao teu espírito, ó Cristo. Verás que nós realizaremos o nosso cristianismo muito melhor sem ti, ou contra ti, do que contigo...

* * *

Houve um longo silêncio. Estadistas e teólogos se entreolhavam, na ansiosa expectativa de que o Nazareno dissesse alguma palavra. Ele, porém, não falou. Limitou-se a circunvagar o olhar pelos presentes, com infinita piedade e suave benevolência. Depois dirigiu-se à porta da sala, acompanhado pelos guardas armados. Na praça pública, desapareceu misteriosamente como uma luz que se apaga, sem deixar vestígios da sua passagem. No mesmo instante, todas as estações emissoras da Capital Planetária lançaram ao espaço a notícia do fato, alertando a polícia do mundo inteiro para que prendesse o estranho invasor, onde quer que se tornasse visível.

Mas não consta que alguém o tenha capturado, porque ele não se tornou visível.

* * *

Durante o resto desse dia e durante toda essa primeira semana do primeiro mês do terceiro milênio, continuaram os festejos programados, com inaudito esplendor. Durante as noites, uma gigantesca usina atômica fornecia luz e força abundantíssimas, iluminando os espaços com círculos concêntricos de luz multicor, cujos fulgores atingiam um raio de dezenas de quilômetros. Propriamente, não houve noite alguma nessa semana toda; a Capital Planetária estava permanentemente iluminada com fulgores de claridade meridiana.

Dentro de poucos dias, o estranho incidente com o aparecimento do Cristo parecia um sonho incerto e vago, que não tardou a ser abafado pelas ruidosas solenidades da alvorada do terceiro milênio da era cristã.

Falou-se muito em "redenção". Os oradores programados rivalizavam em exaltar as grandezas da "redenção cristã" e a incomparável pessoa do "Redentor". Mas ninguém sabia, propriamente, o que queria dizer com essa palavra "redenção". De que fomos remidos? do pecado? Mas o pecado continuava mais abundante e monstruoso que nunca. Em face desse mistério, acharam os oradores preferível não descer a tamanhas profundidades, preferindo manter-se à superfície dos interesses imediatos de cada dia e acompanhar a rotina cômoda da velha tradição.

E assim se fez.

❖

2. Era pelo ano 3000...

Acabava o sol de cortar a linha do horizonte levantino, quando, no meio duma vasta planura, apareceu um vulto de porte heril, vestido duma túnica branca e dum manto cinzento. Parou no centro da planície e lançou olhares em derredor, como que à procura de alguma coisa.

Depois, encaminhou-se a um enorme montão de pedras, encimado por uma tabuleta, na qual se via meia dúzia de palavras escritas em linguagem e caracteres estranhos; mas o solitário viandante, conhecedor de todos os idiomas do mundo, logo compreendeu o sentido da legenda. Traduzida em nossa língua, dizia:

"Ilha de Manhattan, propriedade da Tribo Invencível".

Mais além, havia umas palhoças, e ao pé de uma delas estava sentado um grupo de homens seminus ocupados na confecção e no conserto de redes de pescar.

O viandante da túnica branca aproximou-se dos homens e saudou-os amigavelmente na língua deles.

— Recuperamos a nossa ilha — disse um dos homens mais idosos, que parecia ser uma espécie de chefe ou cacique. — Segundo tradição antiquíssima, foi esta ilha de Manhattan propriedade da nossa Tribo Invencível. Até o nome é da nossa língua. Mais tarde — faz muitos séculos — nos foi ela roubada por uns invasores de cara branca, como a tua, amigo. Mas tu não pareces vir com más intenções. Podes ficar conosco. Agora, depois que os caras-brancas se mataram todos uns aos outros com aquelas horríveis máquinas de raios e trovões, voltou a ilha a ser propriedade nossa. Infelizmente, já não é tão bela como outrora. Olha só este fundão...

O chefe apontou para um abismo que parecia enorme cratera de vulcão extinto, e acrescentou, estendendo a mão direita:

— Cuidado, não te aproximes! Pode ser que o ar em derredor ainda esteja envenenado. Há séculos que foi aberto pelas máquinas de raios e trovões dos caras-brancas, que haviam construído aqui, por cima e ao redor da nossa ilha, uma grande cidade. Muita gente nossa morreu com as irradiações infernais que aqueles engenhos deixaram na terra e no ar. Houve uma invasão de maus espíritos... Para as bandas além fica o grande rio, que os caras-brancas chamavam Hudson, mas que agora tem outra vez um nome decente em nossa língua.

Lenta e pensativamente foi o homem da túnica branca andando pela ilha e arredores, imenso deserto caótico de ruínas, entremeadas de vegetação rasteira e doentia, e rasgada de dezenas de horrorosas crateras cheias de água escura.

Neste ponto — explicou o chefe, apontando para uma vasta planície rochosa semeada de gigantescos blocos de pedra — estava situado, como diziam nossos antepassados, o maior edifício do mundo que os caras-brancas haviam erguido. Sabes ler o que está gravado aí nesse rochedo?

O homem da túnica branca parou e leu: *Empire State Building*...

* * *

No dia seguinte, ninguém mais encontrou vestígio do estranho adventício. Constou, mais tarde, que, nesse mesmo dia foi encontrado a andar tranquilamente sobre as águas do Oceano Atlântico, rumo leste. Possuía ele o dom inexplicável de isentar o seu corpo da lei da gravidade e transportar-se com a velocidade do pensamento a qualquer distância.

Em certa zona do mar fez alto e deu uma série de voltas sobre as águas, como que à procura de alguma coisa. Finalmente, parou diante duma enorme boia flutuante, acorrentada no fundo do oceano. Sobre o dorso escuro da boia estavam escritas, com tinta vermelha, estas palavras: No fundo destas águas jazem as ruínas de Londres.

Ainda se quedava o homem da túnica branca diante da boia flutuante, quando viu um barco de pescadores a pouca distância. Firmou os pés na ponta arredondada duma pedra que emergia das águas verde-escuras e fez sinal aos homens que se aproximassem; pois eles estavam tomados de pavor com a inesperada visão de um ser humano sobre as águas. Com alguma relutância acercaram-se do desconhecido, que parecia ter emergido do seio do mar. Falavam uma língua parecida com a dos lendários *vikings*, de milênios idos.

Pouco a pouco criaram ânimo e ousaram falar com o vulto estranho.

— Estás visitando o lugar das antigas ilhas britânicas? — perguntou um dos pescadores. — Será difícil localizá-las. Ouvimos dos nossos antepassados que os engenhos da morte que vieram dos céus da Sibéria reduziram tudo a fumaça e cinzas. Foi numa única noite. Sobrou apenas esse rochedo em que estás. Por muito tempo ninguém mais pôde pescar por aqui. Estava tudo envenenado. Até às costas das nossas terras apareciam peixes tão envenenados que muitos dos nossos patrícios que deles se alimentaram morreram.

— Um dos nossos entendidos — acrescentou outro pescador — julga ter localizado o ponto onde, outrora, se erguia a catedral de Westminster de que falam livros antigos; ancorou nesse lugar a boia que vês aí. Mas ninguém sabe ao certo se esse é o ponto exato.

* * *

Alguns dias mais tarde, foi o homem da túnica branca encontrado às margens do Tibre. Procurava localizar o ponto onde, em séculos passados, se erguera o suntuoso palácio daquele homem de veste talar de seda branca e tríplice coroa na cabeça que em 2000 tão eloquentemente defendera a causa do cristianismo econômico. Nada conseguiu, porque toda a vasta área da antiga cidade das sete colinas estava coberta de água, transformada num imenso lago. E que a foz e o leito do Tibre estavam a tal ponto obstruídos de ruínas de casas, palácios e igrejas que as águas do rio, represadas, se haviam espraiado muitos quilômetros fora do seu leito natural, formando aquele vasto lago de água doce.

Mais além, à margem superior da lagoa, avistavam-se umas casinhas singelas, habitadas por uns agricultores não menos simples. Quando viram o homem da túnica branca convidaram-no amigavelmente para tomar um refresco em suas casas. O peregrino aceitou o convite.

Evocando obscuras reminiscências, conseguiram esses lavradores reconstruir, até certo ponto, a história dos últimos séculos. O inquilino do palácio, disseram, que se considerava único representante de Deus sobre a terra, fora obrigado a fugir clandestinamente para o outro lado do mar, porque homens vindos de um vasto país ao norte da Ásia e da Europa invadiram a Itália e espalharam uma ideologia incompatível com as doutrinas desse homem. Por isso, depois daqueles emissários frustrados nos seus intentos, vieram milhares de máquinas mortíferas daquele mesmo país e arrasaram totalmente a vetusta cidade às margens do Tibre.

— Por muito tempo — acrescentou um dos lavradores — aquele poderoso país do norte foi senhor do mundo, daquém e dalém-mar. O próprio fugitivo de Roma foi preso e morto no país dalém-mar aonde fora residir. Finalmente, porém, aquele mesmo país do norte da Ásia e da Europa, de tão rico e poderoso, foi apodrecendo no seu luxo e no seu grande orgulho — e hoje também ele é uma ruína e um deserto, como os outros.

* * *

Ainda por muito tempo foi o homem da capa branca visitando outros países e outras cidades, deste e do outro lado das grandes águas; mas em parte alguma encontrou vestígio das glórias da ciência e da técnica que cobriam a face da Terra por ocasião da sua tentativa de voltar ao mundo dos homens, em princípios do terceiro milênio. Por toda a parte, ruínas e destruição. Só nos campos encontrou homens simples, calmos, serenos, de vida humilde e boa.

Um dia, retirou-se o estranho viandante para uma vasta planície, não longe do lugar onde ele, diversos milênios atrás, espalhara pela primeira vez a sua doutrina grandiosamente humilde, humildemente grandiosa, doutrina que os dominadores do mundo não puderam ou não quiseram compreender.

Para as bandas do leste estendia-se um grande lago de águas extremamente límpidas e azuis, em cujas margens se erguiam casinhas brancas e tranquilas rodeadas de sorridentes jardins e pomares. No interior desses lares era maior ainda do que fora a benfazeja serenidade, atingindo, porém, a culminância da sua dinâmica beatitude nas almas dos homens que habitavam esses risonhos santuários.

O estranho vulto de túnica branca foi perlustrando, lenta e pensativamente, essas e outras terras, auscultando o ritmo da vida pura que pulsava através de todas as artérias dos indivíduos e da sociedade. Não encontrou policiamento nem códigos de leis nem armas mortíferas em parte alguma, nem outra coisa alguma que perturbasse a paz dinâmica e exultante felicidade desse pequeno mundo.

Dirigiu-se a uma colina, e milhares de homens, mulheres e crianças foram em seguimento do homem, que não conheciam pelos sentidos do corpo nem pelas faculdades da mente, mas que a afinidade espiritual das suas almas lhes revelava como seu amigo e mestre.

Sentou-se o misterioso viandante no topo da colina e, abrindo os lábios, disse:

"Bem-aventurados os pobres pelo espírito — porque deles é o reino dos céus.

"Bem-aventurados os puros de coração — porque eles verão a Deus.

"Bem-aventurados os que fazem a paz — porque eles serão chamados filhos de Deus.

"Bem-aventurados os que têm fome e sede de justiça — porque eles serão saciados.

"Bem- aventurados os misericordiosos — porque eles alcançarão misericórdia.

"Bem-aventurados os que andam tristes — porque eles serão consolados.

"Bem-aventurados os mansos — porque eles possuirão a terra.

"Bem-aventurados os que sofrem perseguição por causa da justiça — porque deles é o reino dos céus..."

Quando o mestre terminou de dizer estas coisas, brevíssimas e imensas, era tão grande o silêncio em derredor que até parecia audível o jubiloso latejar de milhares de corações e o brilho de milhares de olhos parecia iluminar as verdes campinas circunjacentes... Todos os ouvintes tinham a impressão estranha de perceberem ecos de vozes perdidas na vastidão dos tempos e dos espaços, vozes cujo sentido real só agora emergia das profundezas de suas almas.

E, cansados de milênios de erros e sofrimentos, de vãos tentames de salvação pela ciência e técnica humanas, abraçaram em cheio a mensagem divina que brotava dos lábios e do coração do homem da túnica branca.

Tão profunda e intensa era a felicidade desses homens que se extravasava com irresistível veemência em torrentes de espontânea bondade e simpatia ativa. Sentiam-se todos um só coração e uma só alma; não havia um só indigente entre eles, porque os que possuíam demais davam do seu supérfluo para aliviar as necessidades dos que tinham menos.

Compreenderam todos que aparecera no meio deles o Redentor e fizera despontar dentro deles o reino de Deus — a realização integral do amor de Deus manifestado pelo amor dos homens.

Foi nessa gloriosa manhã de primavera cósmica que o filho pródigo depois de ter demandado terras estranhas, esbanjado o patrimônio da herança paterna, mendigado favores a seus tiranos e sofrido fome e degradação no meio de imundas manadas de seres irracionais, foi nessa manhã que ele, purificado por inauditos sofrimentos, por ele mesmo engendrados, resolveu regressar à casa paterna — e houve grande alegria, música e lauto festim...

E nasceu entre os homens um novo céu e uma nova terra — a paz do Cristo no reino do Cristo.

A humanidade, cristificada, celebrou o segundo advento do Cristo — o seu advento real, definitivo, pela compreensão e pelo amor ativo e universal...

Foi proclamado sobre a face da Terra o reino de Deus...
Aleluia!...

❖

DADOS BIOGRÁFICOS

Huberto Rohden
Vida e Obra

Nasceu em Tubarão, Santa Catarina, Brasil. Fez estudos no Rio Grande do Sul. Formou-se em Ciências, Filosofia e Teologia em Universidades da Europa — Innsbruck (Áustria), Valkenburg (Holanda) e Nápoles (Itália).

De regresso ao Brasil, trabalhou como professor, conferencista e escritor. Publicou mais de 65 obras sobre ciência, filosofia e religião, entre as quais várias foram traduzidas em outras línguas, inclusive o Esperanto; algumas existem em Braille, para institutos de cegos.

Rohden não está filiado a nenhuma igreja, seita ou partido político. Fundou e dirigiu o movimento mundial Alvorada, com sede em São Paulo.

De 1945 a 1946 obteve uma bolsa de estudos para Pesquisas Científicas, na Universidade de Princeton, New Jersey (Estados Unidos), onde conviveu com Albert Einstein e lançou os alicerces para o movimento de âmbito mundial da Filosofia Univérsica, tomando por base do pensamento e da vida humana a constituição do próprio Universo, evidenciando a afinidade entre Matemática, Metafísica e Mística.

Em 1946, Huberto Rohden foi convidado pela *American University*, de Washington, D.C., para reger as cátedras de Filosofia Universal e de Religiões Comparadas, cargo este que exerceu durante cinco anos.

Durante a Segunda Guerra Mundial foi convidado pelo *Bureau of Inter-American Affairs*, de Washington, para fazer parte do corpo de tradutores das notícias de guerra, do inglês para o português. Ainda na *American University*, de Washington, fundou o *Brazilian Center*, centro cultural brasileiro, com o fim de manter intercâmbio cultural entre o Brasil e os Estados Unidos.

Na capital dos Estados Unidos, Rohden frequentou, durante três anos, o *Golden Lotus Temple*, onde foi iniciado em *Kriya Yoga* por Swami Premananda, diretor hindu desse *ashram*.

Ao fim de sua permanência nos Estados Unidos, Huberto Rohden foi convidado para fazer parte do corpo docente da nova *International Christian University* (ICU) de Metaka, Japão, a fim de reger as cátedras de Filosofia Universal e Religiões Comparadas; mas, devido à guerra na Coreia, a universidade japonesa não foi inaugurada, e Rohden regressou ao Brasil. Em São Paulo foi nomeado professor de Filosofia na Universidade Mackenzie, cargo do qual não tomou posse.

Em 1952, fundou em São Paulo a *Instituição Cultural e Beneficente Alvorada*, onde, além da capital paulista, mantinha cursos permanentes no Rio de Janeiro e em Goiânia, sobre Filosofia Univérsica e Filosofia do Evangelho, e dirigia Casas de Retiro Espiritual (*ashrams*) em diversos estados do Brasil.

Em 1969, Huberto Rohden empreendeu viagens de estudo e experiência espiritual pela Palestina, pelo Egito, pela Índia e pelo Nepal, realizando diversas conferências com grupos de *yoguis* na Índia.

Em 1976, Rohden foi chamado a Portugal para fazer conferências sobre autoconhecimento e autorrealização. Em Lisboa fundou um setor do *Centro de Autorrealização Alvorada*.

Nos últimos anos, Rohden residia na cidade de São Paulo, onde permanecia alguns dias da semana escrevendo e reescrevendo seus livros, nos textos definitivos. Costumava passar três dias da semana no *ashram*, em contato com a natureza, plantando árvores, flores ou trabalhando no seu apiário-modelo.

Quando estava na capital, Rohden frequentava periodicamente a editora responsável pela publicação de seus livros, dando-lhe orientação cultural e inspiração.

Fundamentalmente, toda a obra educacional e filosófica de Rohden divide-se em grandes segmentos: 1) a sede central da *Instituição*

(Centro de Autorrealização), em São Paulo, que tem a finalidade de ministrar cursos e horas de meditação; 2) o *ashram*, situado a 70 quilômetros da capital, onde são oferecidos, periodicamente, os Retiros Espirituais, de 3 dias completos; 3) a Editora Martin Claret, de São Paulo, que difunde, por meio de livros, a *Filosofia Univérsica*; 4) um grupo de dedicados e fiéis amigos, alunos e discípulos, que trabalham na consolidação e continuação da sua obra educacional.

À zero hora do dia 7 de outubro de 1981, após longa internação em uma clínica naturista de São Paulo, aos 87 anos, o professor Huberto Rohden partiu deste mundo e do convívio de seus amigos e discípulos. Suas últimas palavras em estado consciente foram: "Eu vim para servir a Humanidade".

Rohden deixa, para as gerações futuras, um legado cultural e um exemplo de fé e trabalho somente comparados aos dos grandes homens do nosso século.

Huberto Rohden é o principal editando da Editora Martin Claret.

❖

Relação de obras do prof. Huberto Rohden

Coleção Filosofia Universal:

O Pensamento Filosófico da Antiguidade
A Filosofia Contemporânea
O Espírito da Filosofia Oriental

Coleção Filosofia do Evangelho:

Filosofia Cósmica do Evangelho
O Sermão da Montanha
Assim Dizia o Mestre
O Triunfo da Vida sobre a Morte
O Nosso Mestre

Coleção Filosofia da Vida:

De Alma para Alma
Ídolos ou Ideal?
Escalando o Himalaia
O Caminho da Felicidade
Deus
Em Espírito e Verdade
Em Comunhão com Deus
Cosmorama
Por que Sofremos

Lúcifer e Lógos
A Grande Libertação
Bhagavad Gita (tradução)
Setas para o Infinito
Entre Dois Mundos
Minhas Vivências na Palestina, no Egito e na Índia
Filosofia da Arte
A Arte de Curar pelo Espírito (tradução)
Orientando
"Que vos Parece do Cristo?"
Educação do Homem Integral
Dias de Grande Paz (tradução)
O Drama Milenar do Cristo e do Anticristo
Luzes e Sombras da Alvorada
Roteiro Cósmico
A Metafísica do Cristianismo
A Voz do Silêncio
Tao Te Ching de Lao-Tsé (tradução) — Ilustrado
Sabedoria das Parábolas
O 5º Evangelho Segundo Tomé (tradução)
A Nova Humanidade
A Mensagem Viva do Cristo (Os Quatro Evangelhos — tradução)
Rumo à Consciência Cósmica
O Homem
Estratégias de Lúcifer
O Homem e o Universo
Imperativos da Vida
Profanos e Iniciados
Novo Testamento
Lampejos Evangélicos
O Cristo Cósmico e os Essênios
A Experiência Cósmica

Coleção Mistérios da Natureza:

Maravilhas do Universo
Alegorias
Ísis
Por Mundos Ignotos

Coleção Biografias:

Paulo de Tarso
Agostinho
Por Um Ideal — 2 vols. Autobiografia
Mahatma Gandhi — Ilustrado
Jesus Nazareno — 2 vols.
Einstein — O Enigma da Matemática — Ilustrado
Pascal — Ilustrado
Myriam

Coleção Opúsculos:

Saúde e Felicidade pela Cosmomeditação
Catecismo da Filosofia
Assim Dizia Mahatma Gandhi (100 Pensamentos)
Aconteceu Entre 2000 e 3000
Ciência, Milagre e Oração São Compatíveis?
Centros de Autorrealização

❖

O objetivo, a filosofia e a missão da Editora Martin Claret

O principal objetivo da Martin Claret é contribuir para a difusão da educação e da cultura, por meio da democratização do livro, usando os canais de comercialização habituais, além de criar novos.

A filosofia de trabalho da Martin Claret consiste em produzir livros de qualidade a um preço acessível, para que possam ser apreciados pelo maior número possível de leitores.

A missão da Martin Claret é conscientizar e motivar as pessoas a desenvolver e utilizar o seu pleno potencial espiritual, mental, emocional e social.

O livro muda as pessoas. Revolucione-se: leia mais para ser mais!

MARTIN CLARET

Relação dos Volumes Publicados

1. **Dom Casmurro**
   Machado de Assis
2. **O Príncipe**
   Maquiavel
3. **Mensagem**
   Fernando Pessoa
4. **O Lobo do Mar**
   Jack London
5. **A Arte da Prudência**
   Baltasar Gracián
6. **Iracema / Cinco Minutos**
   José de Alencar
7. **Inocência**
   Visconde de Taunay
8. **A Mulher de 30 Anos**
   Honoré de Balzac
9. **A Moreninha**
   Joaquim Manuel de Macedo
10. **A Escrava Isaura**
    Bernardo Guimarães
11. **As Viagens - "Il Milione"**
    Marco Polo
12. **O Retrato de Dorian Gray**
    Oscar Wilde
13. **A Volta ao Mundo em 80 Dias**
    Júlio Verne
14. **A Carne**
    Júlio Ribeiro
15. **Amor de Perdição**
    Camilo Castelo Branco
16. **Sonetos**
    Luís de Camões
17. **O Guarani**
    José de Alencar
18. **Memórias Póstumas de Brás Cubas**
    Machado de Assis
19. **Lira dos Vinte Anos**
    Álvares de Azevedo
20. **Apologia de Sócrates / Banquete**
    Platão
21. **A Metamorfose/Um Artista da Fome/Carta a Meu Pai**
    Franz Kafka
22. **Assim Falou Zaratustra**
    Friedrich Nietzsche
23. **Triste Fim de Policarpo Quaresma**
    Lima Barreto
24. **A Ilustre Casa de Ramires**
    Eça de Queirós
25. **Memórias de um Sargento de Milícias**
    Manuel Antônio de Almeida
26. **Robinson Crusoé**
    Daniel Defoe
27. **Espumas Flutuantes**
    Castro Alves
28. **O Ateneu**
    Raul Pompeia
29. **O Noviço / O Juiz de Paz da Roça / Quem Casa Quer Casa**
    Martins Pena
30. **A Relíquia**
    Eça de Queirós
31. **O Jogador**
    Dostoiévski
32. **Histórias Extraordinárias**
    Edgar Allan Poe
33. **Os Lusíadas**
    Luís de Camões
34. **As Aventuras de Tom Sawyer**
    Mark Twain
35. **Bola de Sebo e Outros Contos**
    Guy de Maupassant
36. **A República**
    Platão
37. **Elogio da Loucura**
    Erasmo de Rotterdam
38. **Caninos Brancos**
    Jack London
39. **Hamlet**
    William Shakespeare
40. **A Utopia**
    Thomas More
41. **O Processo**
    Franz Kafka
42. **O Médico e o Monstro**
    Robert Louis Stevenson
43. **Ecce Homo**
    Friedrich Nietzsche
44. **O Manifesto do Partido Comunista**
    Marx e Engels
45. **Discurso do Método / Regras para a Direção do Espírito**
    René Descartes
46. **Do Contrato Social**
    Jean-Jacques Rousseau
47. **A Luta pelo Direito**
    Rudolf von Ihering
48. **Dos Delitos e das Penas**
    Cesare Beccaria
49. **A Ética Protestante e o Espírito do Capitalismo**
    Max Weber
50. **O Anticristo**
    Friedrich Nietzsche
51. **Os Sofrimentos do Jovem Werther**
    Goethe
52. **As Flores do Mal**
    Charles Baudelaire
53. **Ética a Nicômaco**
    Aristóteles
54. **A Arte da Guerra**
    Sun Tzu
55. **Imitação de Cristo**
    Tomás de Kempis
56. **Cândido ou o Otimismo**
    Voltaire
57. **Rei Lear**
    William Shakespeare
58. **Frankenstein**
    Mary Shelley
59. **Quincas Borba**
    Machado de Assis
60. **Fedro**
    Platão
61. **Política**
    Aristóteles
62. **A Viuvinha / Encarnação**
    José de Alencar
63. **As Regras do Método Sociológico**
    Émile Durkheim
64. **O Cão dos Baskervilles**
    Sir Arthur Conan Doyle
65. **Contos Escolhidos**
    Machado de Assis
66. **Da Morte / Metafísica do Amor / Do Sofrimento do Mundo**
    Arthur Schopenhauer
67. **As Minas do Rei Salomão**
    Henry Rider Haggard
68. **Manuscritos Econômico-Filosóficos**
    Karl Marx
69. **Um Estudo em Vermelho**
    Sir Arthur Conan Doyle
70. **Meditações**
    Marco Aurélio
71. **A Vida das Abelhas**
    Maurice Materlinck
72. **O Cortiço**
    Aluísio Azevedo
73. **Senhora**
    José de Alencar
74. **Brás, Bexiga e Barra Funda / Laranja da China**
    Antônio de Alcântara Machado
75. **Eugênia Grandet**
    Honoré de Balzac
76. **Contos Gauchescos**
    João Simões Lopes Neto
77. **Esaú e Jacó**
    Machado de Assis
78. **O Desespero Humano**
    Sören Kierkegaard
79. **Dos Deveres**
    Cícero
80. **Ciência e Política**
    Max Weber
81. **Satíricon**
    Petrônio
82. **Eu e Outras Poesias**
    Augusto dos Anjos
83. **Farsa de Inês Pereira / Auto da Barca do Inferno / Auto da Alma**
    Gil Vicente
84. **A Desobediência Civil e Outros Escritos**
    Henry David Toreau
85. **Para Além do Bem e do Mal**
    Friedrich Nietzsche
86. **A Ilha do Tesouro**
    R. Louis Stevenson
87. **Marília de Dirceu**
    Tomás A. Gonzaga
88. **As Aventuras de Pinóquio**
    Carlo Collodi
89. **Segundo Tratado Sobre o Governo**
    John Locke
90. **Amor de Salvação**
    Camilo Castelo Branco
91. **Broquéis/Faróis/Últimos Sonetos**
    Cruz e Souza
92. **I-Juca-Pirama / Os Timbiras / Outros Poemas**
    Gonçalves Dias
93. **Romeu e Julieta**
    William Shakespeare
94. **A Capital Federal**
    Arthur Azevedo
95. **Diário de um Sedutor**
    Sören Kierkegaard
96. **Carta de Pero Vaz de Caminha a El-Rei Sobre o Achamento do Brasil**
97. **Casa de Pensão**
    Aluísio Azevedo
98. **Macbeth**
    William Shakespeare

99. **ÉDIPO REI/ANTÍGONA**
   Sófocles
100. **LUCÍOLA**
   José de Alencar
101. **AS AVENTURAS DE SHERLOCK HOLMES**
   Sir Arthur Conan Doyle
102. **BOM-CRIOULO**
   Adolfo Caminha
103. **HELENA**
   Machado de Assis
104. **POEMAS SATÍRICOS**
   Gregório de Matos
105. **ESCRITOS POLÍTICOS / A ARTE DA GUERRA**
   Maquiavel
106. **UBIRAJARA**
   José de Alencar
107. **DIVA**
   José de Alencar
108. **EURICO, O PRESBÍTERO**
   Alexandre Herculano
109. **OS MELHORES CONTOS**
   Lima Barreto
110. **A LUNETA MÁGICA**
   Joaquim Manuel de Macedo
111. **FUNDAMENTAÇÃO DA METAFÍSICA DOS COSTUMES E OUTROS ESCRITOS**
   Immanuel Kant
112. **O PRÍNCIPE E O MENDIGO**
   Mark Twain
113. **O DOMÍNIO DE SI MESMO PELA AUTO-SUGESTÃO CONSCIENTE**
   Émile Coué
114. **O MULATO**
   Aluísio Azevedo
115. **SONETOS**
   Florbela Espanca
116. **UMA ESTADIA NO INFERNO / POEMAS / CARTA DO VIDENTE**
   Arthur Rimbaud
117. **VÁRIAS HISTÓRIAS**
   Machado de Assis
118. **FÉDON**
   Platão
119. **POESIAS**
   Olavo Bilac
120. **A CONDUTA PARA A VIDA**
   Ralph Waldo Emerson
121. **O LIVRO VERMELHO**
   Mao Tsé-Tung
122. **ORAÇÃO AOS MOÇOS**
   Rui Barbosa
123. **OTELO, O MOURO DE VENEZA**
   William Shakespeare
124. **ENSAIOS**
   Ralph Waldo Emerson
125. **DE PROFUNDIS / BALADA DO CÁRCERE DE READING**
   Oscar Wilde
126. **CRÍTICA DA RAZÃO PRÁTICA**
   Immanuel Kant
127. **A ARTE DE AMAR**
   Ovídio Naso
128. **O TARTUFO OU O IMPOSTOR**
   Molière
129. **METAMORFOSES**
   Ovídio Naso
130. **A GAIA CIÊNCIA**
   Friedrich Nietzsche
131. **O DOENTE IMAGINÁRIO**
   Molière
132. **UMA LÁGRIMA DE MULHER**
   Aluísio Azevedo
133. **O ÚLTIMO ADEUS DE SHERLOCK HOLMES**
   Sir Arthur Conan Doyle
134. **CANUDOS - DIÁRIO DE UMA EXPEDIÇÃO**
   Euclides da Cunha
135. **A DOUTRINA DE BUDA**
   Siddharta Gautama
136. **TAO TE CHING**
   Lao-Tsé
137. **DA MONARQUIA / VIDA NOVA**
   Dante Alighieri
138. **A BRASILEIRA DE PRAZINS**
   Camilo Castelo Branco
139. **O VELHO DA HORTA/QUEM TEM FARELOS?/AUTO DA ÍNDIA**
   Gil Vicente
140. **O SEMINARISTA**
   Bernardo Guimarães
141. **O ALIENISTA / CASA VELHA**
   Machado de Assis
142. **SONETOS**
   Manuel du Bocage
143. **O MANDARIM**
   Eça de Queirós
144. **NOITE NA TAVERNA / MACÁRIO**
   Álvares de Azevedo
145. **VIAGENS NA MINHA TERRA**
   Almeida Garrett
146. **SERMÕES ESCOLHIDOS**
   Padre Antonio Vieira
147. **OS ESCRAVOS**
   Castro Alves
148. **O DEMÔNIO FAMILIAR**
   José de Alencar
149. **A MANDRÁGORA / BELFAGOR, O ARQUIDIABO**
   Maquiavel
150. **O HOMEM**
   Aluísio Azevedo
151. **ARTE POÉTICA**
   Aristóteles
152. **A MEGERA DOMADA**
   William Shakespeare
153. **ALCESTE/ELECTRA/HIPÓLITO**
   Eurípedes
154. **O SERMÃO DA MONTANHA**
   Huberto Rohden
155. **O CABELEIRA**
   Franklin Távora
156. **RUBÁIYÁT**
   Omar Khayyám
157. **LUZIA-HOMEM**
   Domingos Olímpio
158. **A CIDADE E AS SERRAS**
   Eça de Queirós
159. **A RETIRADA DA LAGUNA**
   Visconde de Taunay
160. **A VIAGEM AO CENTRO DA TERRA**
   Júlio Verne
161. **CARAMURU**
   Frei Santa Rita Durão
162. **CLARA DOS ANJOS**
   Lima Barreto
163. **MEMORIAL DE AIRES**
   Machado de Assis
164. **BHAGAVAD GITA**
   Krishna
165. **O PROFETA**
   Khalil Gibran
166. **AFORISMOS**
   Hipócrates
167. **KAMA SUTRA**
   Vatsyayana
168. **O LIVRO DA JÂNGAL**
   Rudyard Kipling
169. **DE ALMA PARA ALMA**
   Huberto Rohden
170. **ORAÇÕES**
   Cícero
171. **SABEDORIA DAS PARÁBOLAS**
   Huberto Rohden
172. **SALOMÉ**
   Oscar Wilde
173. **DO CIDADÃO**
   Thomas Hobbes
174. **PORQUE SOFREMOS**
   Huberto Rohden
175. **EINSTEIN: O ENIGMA DO UNIVERSO**
   Huberto Rohden
176. **A MENSAGEM VIVA DO CRISTO**
   Huberto Rohden
177. **MAHATMA GANDHI**
   Huberto Rohden
178. **A CIDADE DO SOL**
   Tommaso Campanella
179. **SETAS PARA O INFINITO**
   Huberto Rohden
180. **A VOZ DO SILÊNCIO**
   Helena Blavatsky
181. **FREI LUÍS DE SOUSA**
   Almeida Garrett
182. **FÁBULAS**
   Esopo
183. **CÂNTICO DE NATAL/ OS CARRILHÕES**
   Charles Dickens
184. **CONTOS**
   Eça de Queirós
185. **O PAI GORIOT**
   Honoré de Balzac
186. **NOITES BRANCAS E OUTRAS HISTÓRIAS**
   Dostoiévski
187. **MINHA FORMAÇÃO**
   Joaquim Nabuco
188. **PRAGMATISMO**
   William James
189. **DISCURSOS FORENSES**
   Enrico Ferri
190. **MEDEIA**
   Eurípedes
191. **DISCURSOS DE ACUSAÇÃO**
   Enrico Ferri
192. **A IDEOLOGIA ALEMÃ**
   Marx & Engels
193. **PROMETEU ACORRENTADO**
   Ésquilo
194. **IAIÁ GARCIA**
   Machado de Assis
195. **DISCURSOS NO INSTITUTO DOS ADVOGADOS BRASILEIROS / DISCURSO NO COLÉGIO ANCHIETA**
   Rui Barbosa
196. **ÉDIPO EM COLONO**
   Sófocles
197. **A ARTE DE CURAR PELO ESPÍRITO**
   Joel S. Goldsmith
198. **JESUS, O FILHO DO HOMEM**
   Khalil Gibran
199. **DISCURSO SOBRE A ORIGEM E OS FUNDAMENTOS DA DESIGUALDADE ENTRE OS HOMENS**
   Jean-Jacques Rousseau
200. **FÁBULAS**
   La Fontaine
201. **O SONHO DE UMA NOITE DE VERÃO**
   William Shakespeare

202. **Maquiavel, o Poder**
 José Nivaldo Junior
203. **Ressurreição**
 Machado de Assis
204. **O Caminho da Felicidade**
 Huberto Rohden
205. **A Velhice do Padre Eterno**
 Guerra Junqueiro
206. **O Sertanejo**
 José de Alencar
207. **Gitanjali**
 Rabindranath Tagore
208. **Senso Comum**
 Thomas Paine
209. **Canaã**
 Graça Aranha
210. **O Caminho Infinito**
 Joel S. Goldsmith
211. **Pensamentos**
 Epicuro
212. **A Letra Escarlate**
 Nathaniel Hawthorne
213. **Autobiografia**
 Benjamin Franklin
214. **Memórias de Sherlock Holmes**
 Sir Arthur Conan Doyle
215. **O Dever do Advogado / Posse de Direitos Pessoais**
 Rui Barbosa
216. **O Tronco do Ipê**
 José de Alencar
217. **O Amante de Lady Chatterley**
 D. H. Lawrence
218. **Contos Amazônicos**
 Inglês de Souza
219. **A Tempestade**
 William Shakespeare
220. **Ondas**
 Euclides da Cunha
221. **Educação do Homem Integral**
 Huberto Rohden
222. **Novos Rumos para a Educação**
 Huberto Rohden
223. **Mulherzinhas**
 Louise May Alcott
224. **A Mão e a Luva**
 Machado de Assis
225. **A Morte de Ivan Ilicht / Senhores e Servos**
 Leon Tolstói
226. **Álcoois e Outros Poemas**
 Apollinaire
227. **Pais e Filhos**
 Ivan Turguêniev
228. **Alice no País das Maravilhas**
 Lewis Carroll
229. **À Margem da História**
 Euclides da Cunha
230. **Viagem ao Brasil**
 Hans Staden
231. **O Quinto Evangelho**
 Tomé
232. **Lorde Jim**
 Joseph Conrad
233. **Cartas Chilenas**
 Tomás Antônio Gonzaga
234. **Odes Modernas**
 Anntero de Quental
235. **Do Cativeiro Babilônico da Igreja**
 Martinho Lutero
236. **O Coração das Trevas**
 Joseph Conrad
237. **Thais**
 Anatole France
238. **Andrômaca / Fedra**
 Racine
239. **As Catilinárias**
 Cícero
240. **Recordações da Casa dos Mortos**
 Dostoiévski
241. **O Mercador de Veneza**
 William Shakespeare
242. **A Filha do Capitão / A Dama de Espadas**
 Aleksandr Púchkin
243. **Orgulho e Preconceito**
 Jane Austen
244. **A Volta do Parafuso**
 Henry James
245. **O Gaúcho**
 José de Alencar
246. **Tristão e Isolda**
 Lenda Medieval Celta de Amor
247. **Poemas Completos de Alberto Caeiro**
 Fernando Pessoa
248. **Maiakóvski**
 Vida e Poesia
249. **Sonetos**
 William Shakespeare
250. **Poesia de Ricardo Reis**
 Fernando Pessoa
251. **Papéis Avulsos**
 Machado de Assis
252. **Contos Fluminenses**
 Machado de Assis
253. **O Bobo**
 Alexandre Herculano
254. **A Oração da Coroa**
 Demóstenes
255. **O Castelo**
 Franz Kafka
256. **O Trovejar do Silêncio**
 Joel S. Goldsmith
257. **Alice na Casa dos Espelhos**
 Lewis Carrol
258. **Miséria da Filosofia**
 Karl Marx
259. **Júlio César**
 William Shakespeare
260. **Antônio e Cleópatra**
 William Shakespeare
261. **Filosofia da Arte**
 Huberto Rohden
262. **A Alma Encantadora das Ruas**
 João do Rio
263. **A Normalista**
 Adolfo Caminha
264. **Pollyanna**
 Eleanor H. Porter
265. **As Pupilas do Senhor Reitor**
 Júlio Diniz
266. **As Primaveras**
 Casimiro de Abreu
267. **Fundamentos do Direito**
 Léon Duguit
268. **Discursos de Metafísica**
 G. W. Leibniz
269. **Sociologia e Filosofia**
 Émile Durkheim
270. **Cancioneiro**
 Fernando Pessoa
271. **A Dama das Camélias**
 Alexandre Dumas (filho)
272. **O Divórcio / As Bases da Fé / e outros textos**
 Rui Barbosa
273. **Pollyanna Moça**
 Eleanor H. Porter
274. **O 18 Brumário de Luís Bonaparte**
 Karl Marx
275. **Teatro de Machado de Assis**
 Antologia
276. **Cartas Persas**
 Montesquieu
277. **Em Comunhão com Deus**
 Huberto Rohden
278. **Razão e Sensibilidade**
 Jane Austen
279. **Crônicas Selecionadas**
 Machado de Assis
280. **Histórias da Meia-Noite**
 Machado de Assis
281. **Cyrano de Bergerac**
 Edmond Rostand
282. **O Maravilhoso Mágico de Oz**
 L. Frank Baum
283. **Trocando Olhares**
 Florbela Espanca
284. **O Pensamento Filosófico da Antiguidade**
 Huberto Rohden
285. **Filosofia Contemporânea**
 Huberto Rohden
286. **O Espírito da Filosofia Oriental**
 Huberto Rohden
287. **A Pele do Lobo / O Badejo / o Dote**
 Artur Azevedo
288. **Os Bruzundangas**
 Lima Barreto
289. **A Pata da Gazela**
 José de Alencar
290. **O Vale do Terror**
 Sir Arthur Conan Doyle
291. **O Signo dos Quatro**
 Sir Arthur Conan Doyle
292. **As Máscaras do Destino**
 Florbela Espanca
293. **A Confissão de Lúcio**
 Mário de Sá-Carneiro
294. **Falenas**
 Machado de Assis
295. **O Uraguai / A Declamação Trágica**
 Basílio da Gama
296. **Crisálidas**
 Machado de Assis
297. **Americanas**
 Machado de Assis
298. **A Carteira de Meu Tio**
 Joaquim Manuel de Macedo
299. **Catecismo da Filosofia**
 Huberto Rohden
300. **Apologia de Sócrates**
 Platão (Edição bilingue)
301. **Rumo à Consciência Cósmica**
 Huberto Rohden
302. **Cosmoterapia**
 Huberto Rohden
303. **Bodas de Sangue**
 Federico García Lorca
304. **Discurso da Servidão Voluntária**
 Étienne de La Boétie

305. CATEGORIAS
Aristóteles

306. MANON LESCAUT
Abade Prévost

307. TEOGONIA / TRABALHO E DIAS
Hesíodo

308. AS VÍTIMAS-ALGOZES
Joaquim Manuel de Macedo

309. PERSUASÃO
Jane Austen

310. AGOSTINHO - *Huberto Rohden*

311. ROTEIRO CÓSMICO
Huberto Rohden

312. A QUEDA DUM ANJO
Camilo Castelo Branco

313. O CRISTO CÓSMICO E OS ESSÊNIOS - *Huberto Rohden*

314. METAFÍSICA DO CRISTIANISMO
Huberto Rohden

315. REI ÉDIPO - *Sófocles*

316. LIVRO DOS PROVÉRBIOS
Salomão

317. HISTÓRIAS DE HORROR
Howard Phillips Lovecraft

318. O LADRÃO DE CASACA
Maurice Leblanc

319. TIL
José de Alencar

SÉRIE OURO
(Livros com mais de 400 p.)

1. LEVIATÃ
Thomas Hobbes

2. A CIDADE ANTIGA
Fustel de Coulanges

3. CRÍTICA DA RAZÃO PURA
Immanuel Kant

4. CONFISSÕES
Santo Agostinho

5. OS SERTÕES
Euclides da Cunha

6. DICIONÁRIO FILOSÓFICO
Voltaire

7. A DIVINA COMÉDIA
Dante Alighieri

8. ÉTICA DEMONSTRADA À MANEIRA DOS GEÔMETRAS
Baruch de Spinoza

9. DO ESPÍRITO DAS LEIS
Montesquieu

10. O PRIMO BASÍLIO
Eça de Queirós

11. O CRIME DO PADRE AMARO
Eça de Queirós

12. CRIME E CASTIGO
Dostoiévski

13. FAUSTO
Goethe

14. O SUICÍDIO
Émile Durkheim

15. ODISSEIA
Homero

16. PARAÍSO PERDIDO
John Milton

17. DRÁCULA
Bram Stoker

18. ILÍADA
Homero

19. AS AVENTURAS DE HUCKLEBERRY FINN
Mark Twain

20. PAULO – O 13º APÓSTOLO
Ernest Renan

21. ENEIDA
Virgílio

22. PENSAMENTOS
Blaise Pascal

23. A ORIGEM DAS ESPÉCIES
Charles Darwin

24. VIDA DE JESUS
Ernest Renan

25. MOBY DICK
Herman Melville

26. OS IRMÃOS KARAMAZOVI
Dostoiévski

27. O MORRO DOS VENTOS UIVANTES
Emily Brontë

28. VINTE MIL LÉGUAS SUBMARINAS
Júlio Verne

29. MADAME BOVARY
Gustave Flaubert

30. O VERMELHO E O NEGRO
Stendhal

31. OS TRABALHADORES DO MAR
Victor Hugo

32. A VIDA DOS DOZE CÉSARES
Suetônio

33. O MOÇO LOIRO
Joaquim Manuel de Macedo

34. O IDIOTA
Dostoiévski

35. PAULO DE TARSO
Huberto Rohden

36. O PEREGRINO
John Bunyan

37. AS PROFECIAS
Nostradamus

38. NOVO TESTAMENTO
Huberto Rohden

39. O CORCUNDA DE NOTRE DAME
Victor Hugo

40. ARTE DE FURTAR
Anônimo do século XVII

41. GERMINAL
Émile Zola

42. FOLHAS DE RELVA
Walt Whitman

43. BEN-HUR — UMA HISTÓRIA DOS TEMPOS DE CRISTO
Lew Wallace

44. OS MAIAS
Eça de Queirós

45. O LIVRO DA MITOLOGIA
Thomas Bulfinch

46. OS TRÊS MOSQUETEIROS
Alexandre Dumas

47. POESIA DE ÁLVARO DE CAMPOS
Fernando Pessoa

48. JESUS NAZARENO
Huberto Rohden

49. GRANDES ESPERANÇAS
Charles Dickens

50. A EDUCAÇÃO SENTIMENTAL
Gustave Flaubert

51. O CONDE DE MONTE CRISTO (VOLUME I)
Alexandre Dumas

52. O CONDE DE MONTE CRISTO (VOLUME II)
Alexandre Dumas

53. OS MISERÁVEIS (VOLUME I)
Victor Hugo

54. OS MISERÁVEIS (VOLUME II)
Victor Hugo

55. DOM QUIXOTE DE LA MANCHA (VOLUME I)
Miguel de Cervantes

56. DOM QUIXOTE DE LA MANCHA (VOLUME II)
Miguel de Cervantes

57. AS CONFISSÕES
Jean-Jacques Rousseau

58. CONTOS ESCOLHIDOS
Artur Azevedo

59. AS AVENTURAS DE ROBIN HOOD
Howard Pyle

60. MANSFIELD PARK
Jane Austen